Coleção Dramaturgia

MATÉI
VISNIEC

Impresso no Brasil, outubro de 2012

Título original: *La Femme-cible et ses Dix Amants*
Copyright © Lansman Editeur

Os direitos desta edição pertencem a
É Realizações Editora, Livraria e Distribuidora Ltda.
Caixa Postal: 45321 · 04010 970 · São Paulo SP
Telefax: (5511) 5572 5363
e@erealizacoes.com.br · www.erealizacoes.com.br

Editor
Edson Manoel de Oliveira Filho

Gerente editorial
Gabriela Trevisan

Preparação de texto
Marcio Honorio de Godoy

Revisão
Danielle Mendes Sales e Cristiane Maruyama

Capa e projeto gráfico
Mauricio Nisi Gonçalves / Estúdio É

Pré-impressão e impressão
Gráfica Vida & Consciência

Reservados todos os direitos desta obra. Proibida toda e qualquer reprodução desta edição por qualquer meio ou forma, seja ela eletrônica ou mecânica, fotocópia, gravação ou qualquer outro meio de reprodução, sem permissão expressa do editor.

A Mulher-Alvo e seus DEZ Amantes

MATÉI Visniec

TRADUÇÃO: LUIZA JATOBÁ

AS PERSONAGENS

A PEQUENA BERNARDETTE, *a filha do contador de histórias*

O MENINO GAGO, *Thomas, o filho do contador de histórias*

O MOTORISTA

O INSPETOR

FRANK, O FANTASMA, *o dono da Casa dos Horrores*

A VENDEDORA DE CHURROS, *A Grande Bernardette*

O VELHO BÊBADO, *Jojo, talvez o pai da pequena Bernardette*

A MULHER QUE TEM UMA FACA ENFIADA NO OLHO ESQUERDO

O LANÇADOR DE FACAS BÊBADO OU TONY, *o galante*

O ANIMAL QUE PARECE PERFEITAMENTE UM HOMEM, *seguramente uma mulher?*

A DONA DO BAR, *Florence*

O DONO DA BARRACA DE TIRO AO ALVO, *Leon*

A VOZ DA SERPENTE

MICHEL, *Policial*

O ACORDEONISTA, *Astor Piazzolla*

A ANÃ DE VESTIDO DE NOIVA

O VELHO SENHOR, *Didier*

A VELHA SENHORA, *Mathilde*

A MULHER GORDA COM A VASSOURA, *Anaïs*

A CABEÇA DO PRESIDENTE DA REGIÃO EÓLICA DOS ALPILLES

OUTRAS CABEÇAS CORTADAS

GÉRARD, *o resistente*

O CONTADOR DE HISTÓRIAS

O MOTOQUEIRO

O CACHORRO PRETO QUE DIZ ATÉ LOGO

O EQUILIBRISTA

Papéis intercambiáveis. Número mínimo de atores: quatro homens e quatro mulheres.

Está uma verdadeira bagunça na
Casa dos Horrores
O lançador de facas está bêbado

Uma praça pública numa cidade do interior. A pequena Bernardette e o menino gago. Dez horas da noite. Escutam-se um carro que estaciona e uma porteira que range.

A PEQUENA BERNARDETTE: Senhor...

O MOTORISTA: Sim?

A PEQUENA BERNARDETTE: O senhor está mais para sapato ou para guarda-chuva?

O MOTORISTA: O quê?

O MENINO GAGO: Pa-pa-para, Bernardette. (*Para o motorista.*) Se-se-senhor, na na não... esta-ta-tacione aí.

O MOTORISTA: Por quê?

O MENINO GAGO: Porque... que... que... esta noite... esta-ta-tamos mon-mon-montando os brinquedos...

A PEQUENA BERNARDETTE: Amanhã começa o parque de diversões. E esta noite as vans estão chegando. Toda a Praça da República está interditada.

O MENINO GAGO: Os po-li-li-ci-ciais não falaram nada?

O MOTORISTA: Não, eles me deixaram passar.

O MENINO GAGO: Eles pen-pen-pensaram que vo-você era do pa-pa-parque...

A PEQUENA BERNARDETTE: Por favor, vá um pouco mais pra frente. As barracas vão chegar até aqui.

O MENINO GAGO: E e e aqui é a Ca-ca-casa dos-dos-dos Horrores que vai-vai-vai ser montada...

A PEQUENA BERNARDETTE: Aqui, vai ser a casa dos fantasmas. Estamos esperando desde manhã.

O MENINO GAGO: Besteiras!

(*Escuta-se o rangido da porteira e o carro se distanciar. Uma fanfarra tocando ao longe.*)

O Inspetor entra.

O INSPETOR: O pessoal do parque começa a montar suas traquitanas. Fui encarregado pelo Presidente da Região dos Alpilles de inspecionar as instalações. Mas não sou especialista em parque de diversões. O que não impede o Presidente de ter decidido que precisava nomear um inspetor encarregado da segurança da instalação do parque. Devo vigiar cada brinquedo para garantir a conformidade com as normas de segurança. Posso até interditar um brinquedo se eu considerar que não é cem por cento seguro.

O DONO DA CASA DOS HORRORES: Senhor Inspetor!

O INSPETOR: Sim!

O DONO DA CASA DOS HORRORES: A Casa dos Horrores está pronta.

O INSPETOR: Já?

O DONO DA CASA DOS HORRORES: O senhor quer experimentar?

O INSPETOR: Não, vou só dar uma espiada.

O DONO DA CASA DOS HORRORES: Mas suba! Vamos lá. Dê uma volta.

(*A vendedora de churros entra.*)

A VENDEDORA DE CHURROS: Não entre na casa de Frank, o fantasma, senhor Inspetor. Esse homem é um assassino. No ano passado houve duas mortes na barraca dele.

O DONO DA CASA DOS HORRORES: Cale a boca, sua idiota.

A VENDEDORA DE CHURROS: Na verdade, ninguém sabe direito o que aconteceu. Mas duas pessoas desapareceram nessa merda dessa casa de fantasmas. Um jovem e uma jovem. Ou seja, um jovem casal...

O INSPETOR: É verdade?

O DONO DA CASA DOS HORRORES (*aproxima-se da vendedora de churros e a beija*): Tudo bem com você? (*Para o inspetor.*) Ela está delirando.

A VENDEDORA DE CHURROS: Nada disso, é verdade. Vá lá, Frank, conte ao senhor Inspetor como aconteceu. A polícia nunca encontrou ninguém. Nem vestígios de sangue nem cadáveres. Mas foi você que os matou, vamos lá, conta aí.

O DONO DA CASA DOS HORRORES: Bom, é quando o senhor quiser, senhor Inspetor.

(*Ele vai embora. A vendedora de churros orienta o estacionamento da caminhonete dirigida pelo velho bêbado.*)

A VENDEDORA DE CHURROS: Você tem ainda vinte centímetros, Jojo. Pronto. Tá bom agora... Espero que a gente possa se instalar.

(*O velho bêbado desce da caminhonete. Os dois começam a instalar seu pequeno comércio. Como num passe de mágica, aparecem um balcão, algumas cadeiras, uma mesa. A vendedora de churros entrega uma cadeira ao Inspetor.*

Sente-se, senhor. O senhor está com cara de extenuado. Não me recordo de ver você por aqui no ano passado.

O INSPETOR: Não, no ano passado eu não trabalhava aqui.

A VENDEDORA DE CHURROS: O senhor não tem o sotaque do sul. De onde é?

O INSPETOR: De Lille.

A VENDEDORA DE CHURROS: Ah, entendi. (*Para o velho bêbado que tentar ligar a eletricidade.*) Funciona?

O VELHO BÊBADO: Não funciona.

O INSPETOR: Tivemos problemas com a eletricidade esta noite. Está escutando a música? É um concerto de fanfarra, na Praça da Prefeitura. Mas começou atrasado por causa de um problema de eletricidade. Dois grandes projetores pifaram. Tivemos que instalar novos. E o concerto começou tarde. Havia mais ou menos umas duzentas pessoas esperando começar. E, na praça do concerto, tiveram primeiro que ficar presenciando, durante uma hora, como se instalam novos projetores nas árvores, com a ajuda de uma grua. Porque os músicos não viajam com suas partituras. E, além do mais, são amadores. E amadores velhos, uma fanfarra municipal inteira formada por aposentados. Bem, seja lá como for, vou dar uma volta…

A VENDEDORA DE CHURROS: Mas não entre na casa dos fantasmas, tá bom? O que diz a meteorologia? Vai fazer bom tempo?

O INSPETOR: Sim, teremos um fim de semana dos sonhos.

(*O Inspetor se afasta.*)

O DONO DA CASA DOS HORRORES: Venham, senhores, venham. Vou mostrar-lhes como isso funciona. O trajeto dura exatamente dez minutos. Mas, quando você está lá dentro, o medo estica o tempo. Tem-se a impressão de ter passado pelo menos a metade de um dia lá dentro.

O INSPETOR: É verdade essa história de desaparecidos?

O DONO DA CASA DOS HORRORES: He, he, he! Ela te botou medo, a Bernadette, não foi? Bem, digamos que... é mais ou menos verdade. O senhor não quer beber uma cerveja? Vamos lá, vamos beber uma cerveja na Florence e conto tudo ao senhor. (*Ele o leva para o bistrô.*) O senhor já viu meus outros colegas? Cuidado com essa nova tecnologia. Essas novas tralhas que te jogam no ar, que te sacodem até a morte, são muito perigosas. Uma vez, em Cavaillon, uma jovem perdeu a consciência num troço desses.

(*Escutam-se aplausos ao longe.*)

O INSPETOR: Não, obrigado, não quero beber agora. O concerto da fanfarra, na Praça de Prefeitura, já deve estar acabando. Vou até lá ver se tudo está indo bem.

O DONO DA CASA DOS HORRORES: Esperam o senhor no Florence. Aliás, todo mundo sempre se encontra no

Florence. O senhor pode muito bem fazer sua inspeção no Florence.

A VENDEDORA DE CHURROS (*gritando*)**:** Senhor Inspetor! Quer provar um churro? (*Ela vem com um churro.*) E aí? Onde o senhor está? Pronto, ele desapareceu, o senhor Inspetor!

O DONO DA CASA DOS HORRORES: Cala a boca, Bernardette. Chega!

A VENDEDORA DE CHURROS: Ele entrou na casa dos fantasmas? Sozinho? Você é louco?

O DONO DA CASA DOS HORRORES: Não sei onde ele está. Não é da minha conta. Eu vou até o Florence.

(*A vendedora de churros fica alguns segundos, sozinha, no meio da praça, com o churro na mão.*)

A VENDEDORA DE CHURROS: Tudo bem. Aqui, pelo menos, vai ter bastante gente. No mês passado, foram três semanas de chuva. Isso deixa qualquer um louco, três semanas de chuva. A chuva, para quem trabalha no parque de diversões, é pior que a peste. Bem, não se pode fazer mais nada por ele. Entrou sozinho na casa dos fantasmas. Azar dele. (*Para o velho bêbado.*) Papai, vá dormir. Eu tomo conta do resto. Papai!? Papai, onde você está?

(*Ela desaparece.*)

Corredor da Casa dos Horrores

O INSPETOR: Eu não deveria ter entrado aqui. Me disseram para não entrar aqui e mesmo assim estou aqui dentro. Lá fora, o pessoal do parque continua a montar suas barracas. Escuto um carrossel começando a girar. O dono da barraca de tiro ao alvo está enchendo os balões. A noite está bonita, o vento sopra mais. Eu deveria ter pedido a Bernardette para fazer um churro para mim. Por que me falaram dos desaparecimentos na casa dos fantasmas? Essa gente é sempre assim, sempre a mesma coisa, essa gente de parque de diversões.

(*A mulher que tem uma faca enfiada no olho esquerdo chega correndo e para diante do Inspetor.*)

A MULHER QUE TEM UMA FACA ENFIADA NO OLHO ESQUERDO: Xiiiiu! Não diga a ninguém. (*Ela lhe dá um beijo.*) Você não me viu, tá bom? Atenção, à esquerda fica a sala das facas voadoras, à direita está a sala das cabeças cortadas e logo em frente é a sala do animal que parece perfeitamente um homem. Tenho que ir agora, mas, como você teve a gentileza de entrar, vou esperá-lo antes do amanhecer na sala dos enforcados. É no fundo. Depois dos açougueiros felizes e depois na sala do mistral. Você é fofo, meu amigo. Vamos lá, preciso aproveitar sua entrada para poder sair. Mas não esqueça, a gente se vê às quatro horas da manhã o mais tardar, na sala dos enforcados, certo?

(*Ela desaparece atrás de uma porta. Imediatamente, várias facas lançadas por uma mão bem treinada se afundam na porta.*)

O JOGADOR DE FACAS BÊBADO: O senhor a viu? O senhor a viu? Viu como ela faz, essa puta? (*Recolhe as facas.*) O senhor reparou que ela não tem um olho? É por minha causa... Sou Tony, o Galante, lançador de facas... A faca no olho esquerdo, fui eu... É uma história antiga sem fim... Eu estava bêbado aquele dia e minha mão tremeu... E a partir desse dia ela dorme com todo mundo. Mas, no final das contas, não estou nem aí. No fundo, nem ligo, senhor, porque sou um homem feliz. Sou um lançador de facas bêbado e feliz. Uma mulher que te deixa louco tem que ter amantes. Não se pode exigir de uma mulher que te deixa louco de felicidade que ela não tenha ao mesmo tempo outros amantes. (*Tira uma garrafa de vinho.*) O senhor quer um gole? Não? Meu problema é que, quando ela vai com seus amantes, não consigo dormir. Eu a sigo. Mas ela, ela nem desconfia. Acha que continuo dormindo, louco de felicidade. Porque essa mulher, essa mulher que o senhor viu, é minha mulher. Ela me deixa louco de felicidade todas as noites. Todas as noites. Ela me faz feliz como um rei. E eu, quando estou feliz como um rei, finjo que estou dormindo. Assim... E então ela me deixa lá e vai se encontrar com os amantes. (*Na sala de facas, várias facas começam a voar e acabam por se enfiar nas paredes, nas portas, etc.*) Ela se solta devagarzinho, bem devagarzinho dos meus braços... E vai encontrar seus amantes. Ela põe seu vestido vermelho, sandálias vermelhas, e vai encontrar com seus amantes.

(*A imagem da mulher que tem uma faca enfiada no olho esquerdo aparece sobre um alvo da porta. O lançador de facas bêbado treina o lançamento de facas em volta da imagem.*)

O vestido vermelho, ela só veste para seus amantes. E as sandálias vermelhas, a mesma coisa. (*Ele continua o mesmo jogo.*) Só para os amantes. Jamais para mim. O perfume, está sentindo... Tá sentindo?... É o perfume dos amantes. E os brincos grandes, a mesma coisa, são os brincos dos amantes. E tudo isso comprado por mim. É assim, é assim que ela some toda noite, logo depois da meia-noite, para encontrar os amantes. O senhor a viu? Ela tem dez amantes nesta cidade, como em toda cidade, e ela se encontra com todos eles. Ela faz amor com cada um deles, até o amanhecer, e aí ela volta para fazer o café. Porque, quando acordo, preciso de um café preparado por ela... Só ela, só ela... Ela... Porque sem isso não acordo... Porque se não tiver isso corro o risco de não acordar mais... (*Ele chora.*) Nunca mais, nunca mais, nunca... Desculpe-me, senhor Inspetor, por contar tudo isso... Não sei por que tive essa necessidade de me confessar. Em geral, sou quieto e discreto. Olhe aí, toda a minha coleção de facas está aí... Pode olhar bem... São facas de excelente qualidade, muito bem afiadas mesmo... O senhor viu como penetram bem na porta. Pena que eu esteja um pouco bêbado, podia ter lembrado de usar o senhor como alvo. O senhor tem um sotaque do norte, não é mesmo?

O INSPETOR: Sim.

O LANÇADOR DE FACAS BÊBADO: Bom, preciso dormir pelo menos um pouco. Preciso ficar um pouco menos bêbado. O primeiro espetáculo é amanhã às dez horas. O senhor virá?

O INSPETOR: Sim. Sim, lógico... Sim, por que não?

O LANÇADOR DE FACAS BÊBADO: Bom, todos os meus adereços estão em seus devidos lugares... Agora posso ir me deitar. Ela vai se deixar amar toda a noite por seus amantes, e eu, eu preciso curar minha ressaca... Aqui, vou deixar uma faca para o senhor... Como imagino que mesmo assim o senhor vai se encontrar com ela na sala dos enforcados...

O INSPETOR: Eu não, senhor lançador de facas bêbado. Não, não tenho a mínima intenção... Ele foi embora... (*Gritando.*) Senhor lançador de facas bêbado... Senhor lançador de facas bêbado... Não tenho nenhuma intenção de dormir com sua mulher na sala dos enforcados... Juro que... Ele foi embora... Ele foi dormir... Meu bom Deus, o que é que eu faço? E se... E, no final das contas, por que não? Ela falou para a gente se encontrar na sala dos enforcados... Afinal, estou encarregado de supervisionar a segurança do parque de diversões... Tenho que verificar se, na sala dos enforcados, os enforcados... estão bem enforcados... Tenho que... Mas o que está acontecendo com a minha memória? Mas o que está acontecendo com a minha memória?

(*As cortinas de um castelinho se abrem. Num palco bem pequeno, o menino gago toca flauta. A pequena Bernardette faz sua aparição. Ela saúda o público e se põe a contar uma história, acompanhada da flauta do menino gago.*)

A PEQUENA BERNARDETTE: Ontem o animal que parece perfeitamente um homem saiu do oceano. Fazia uns mil anos que ele não tinha subido até a Terra. O animal que parece perfeitamente um homem saiu do oceano às nove horas da noite, um pouco antes do pôr do sol. Durante alguns minutos o animal que parece perfeitamente um homem contemplou o pôr do sol. É belo o pôr do sol na Terra, pensou o animal que parece perfeitamente um homem, é quase tão bonito quanto o pôr do sol negro no abismo do oceano. O animal que parece perfeitamente um homem subiu em seguida num penhasco e contemplou o mar lá de cima. Isso muda de cor, pensa o animal que parece perfeitamente um homem, isso tem quase a mesma cor da matéria que não cessa de ser aspirada pelo areal gigante do interior da Terra.

O mar estava calmo naquele momento e milhares de barcos se aproximavam da orla. Deve ser o grande retorno dos viajantes celestes cegos, pensa o animal que parece perfeitamente um homem. Como não tinha mais subido para a Terra havia mil anos, ele não sabia que desde sua última aparição tinha uma guerra horrível na Terra, entre os povos que acreditavam no animal que parece perfeitamente um homem e os povos que não acreditavam no animal que parece perfeitamente um homem.

Durante a noite toda, os barcos e as cidades espalhadas ao longo da orla se confrontaram. Todos os barcos se incendiaram no final, assim como as cidades espalhadas ao longo da orla. O animal que parece perfeitamente um homem vagou um bom tempo por entre os cadáveres dos guerreiros e as carcaças dos navios que encalharam na praia. É belo, pensa o animal que parece perfeitamente um homem, é um pouco como nas festas em homenagem aos peixinhos cintilantes.

(*A pequena Bernardette e o menino gago agradecem ao público.*)

Gostou da minha história, senhor Inspetor?

O INSPETOR: Sim, sim... Muito.

A PEQUENA BERNARDETTE: Foi meu pai que escreveu. Ele diz que, além de tudo, é uma história verdadeira. O senhor acredita que seja verdadeira?

O INSPETOR: Sim, de certa maneira...

A PEQUENA BERNARDETTE: E ele, é meu irmão. Mas ele não sabe contar, porque ele é gago.

O MENINO GAGO: Churros!

A PEQUENA BERNARDETTE: Meu pai, que é contador de histórias, sempre quis ter um filho para poder ensinar a contar histórias. Seu sonho era percorrer o mundo com seu filho, os dois contando histórias. Mas Deus quis que seu filho fosse gago. Então, por ele ser gago, aprendeu a tocar flauta. O senhor acredita que todos os gagos deviam aprender a tocar flauta?

O INSPETOR: Sim. Quer dizer... Se a pessoa quiser...

A PEQUENA BERNARDETTE: O senhor quer que ele diga alguma coisa para provar que é gago?

O INSPETOR: Ah, não...

A PEQUENA BERNARDETTE: Na verdade ele titubeia em todas as palavras, menos uma. Vá lá, Thomas, diga o que você sabe dizer sem gaguejar.

O MENINO GAGO: Churros!

A PEQUENA BERNARDETTE: Viu? Isso ele sabe dizer sem gaguejar. Fala de novo, Thomas.

O MENINO GAGO: Churros, churros, churros!

A PEQUENA BERNARDETTE: É isso aí, senhor Inspetor. Essa é a história da minha família. Quando meu pai viu que seu filho era gago, fez de mim uma grande faladeira. E, agora, conheço de cor todas as histórias do meu pai, já que ele começou a perder a memória. Sei todas de cor, mas não as compreendo. O senhor acha que um dia eu vou compreendê-las?

O INSPETOR: Sim, sim, claro.

A PEQUENA BERNARDETTE: Bem, meu pai me disse que ele o espera na sala do vazio. E eu, quando crescer, também vou esperá-lo na sala dos enforcados. Combinado? Até logo, senhor Inspetor.

(*Escuridão.*)

O INSPETOR: Como você se chama? Hein? Garotinha! (*Ele tropeça sobre um corpo.*) Ela foi embora... E eu nem mesmo sei onde se encontra essa tal sala dos enforcados. E começo a ficar com um pouco de fome. Deveria ter ido no bistrô da Florence para beber uma boa cerveja e comer um sanduíche... Que pena... (*Ele apalpa o corpo sobre o qual acaba de tropeçar. Este começa a se mexer sob uma enorme mortalha que cobre todo o espaço.*) Desculpe-me, senhor, se eu o machuquei. Andei sobre o senhor sem querer. Me apresento. Sou o Inspetor encarregado da segurança do parque pela Região Eólica dos Alpilles. Todo o pessoal do parque deve preencher um formulário especial impresso pela prefeitura. No formulário devem, com toda sinceridade, confessar: 1) se, no passado, houve acidentes em seus estandes; 2) se, no passado, houve acidentes provocados pelo funcionamento dos aparelhos; 3) se, no passado, houve acidentes no interior de seus estandes, capitéis e instalações; 4) se, na sua opinião, suas instalações comportam elementos de risco; 5) Devem declarar o ano da construção ou da aquisição dos seus aparelhos com motor. Pronto. Isso foi iniciativa da prefeitura. Para que a festa se desenrole em boas condições. Vê-se que o tempo está magnífico, que nossa região é tão bela. Nossa cidade tem tradição de ser hospitaleira. Nossa cidade...

O ANIMAL QUE PARECE PERFEITAMENTE UM HOMEM: O senhor está mais para sapato ou para guarda-chuva?

O INSPETOR: Oi?

O ANIMAL QUE PARECE PERFEITAMENTE UM HOMEM: Eu pergunto se o senhor está mais para sapato ou para guarda-chuva. Ou entre os dois.

O INSPETOR: Desculpe-me mais uma vez, mas não entendi a pergunta.

O ANIMAL QUE PARECE PERFEITAMENTE UM HOMEM: Sou um animal que parece perfeitamente um homem. Agora o senhor entende?

O INSPETOR: Sim.

O ANIMAL QUE PARECE PERFEITAMENTE UM HOMEM: O senhor quer saber com que pareço?

O INSPETOR: Sim, quer dizer... Não... Porque é claro que o senhor parece perfeitamente um homem. Pelo menos pelo que se diz.

O ANIMAL QUE PARECE PERFEITAMENTE UM HOMEM: Sugiro assim mesmo que o senhor levante a mortalha e dê uma olhadinha.

O INSPETOR: Não, não... Eu confio. Eu confio no contador. A única coisa que eu desejo é saber se, durante sua apresentação, o senhor vai utilizar materiais inflamáveis, tóxicos ou extremamente pontudos, suscetíveis de se tornar perigosos para a saúde do público. É isso. É pura formalidade, é para o questionário municipal.

O ANIMAL QUE PARECE PERFEITAMENTE UM HOMEM: Não, senhor Inspetor. Estou todo nu embaixo da mortalha. Evoluo sem acessórios. Na realidade, sou apenas um animal para ser olhado.

O INSPETOR: Ah! Esqueci de dizer, tem também um formulário que se refere ao grau de nudez dos artistas.

O ANIMAL QUE PARECE PERFEITAMENTE UM HOMEM: Escute, pelo que o senhor me diz, nesta cidade, a memória do tipo sapato se mandou. Me desculpe por dizer isso assim... O senhor continua aí?

O INSPETOR: Sim.

O ANIMAL QUE PARECE PERFEITAMENTE UM HOMEM: E está calado?

O INSPETOR: Sim.

O ANIMAL QUE PARECE PERFEITAMENTE UM HOMEM: Posso explicar em detalhe, se quiser.

O INSPETOR: Sim, quero.

O ANIMAL QUE PARECE PERFEITAMENTE UM HOMEM: Ponha primeiro essa faca no chão, está bem?

O INSPETOR: Tudo bem, eu a coloco no chão.

O ANIMAL QUE PARECE PERFEITAMENTE UM HOMEM: Bem, então, o problema é que, há um certo tempo, entre os humanos, a memória do tipo sapato tem desaparecido. A memória tipo sapato é a boa e velha memória de antigamente, é a memória da continuidade, é o mundo contado por um sapato, se o senhor quiser. Bem, o problema, como lhe dizia, é que a boa e velha e sólida memória cotidiana, do tipo sapato, essa memória do andar, do sofrimento do andar, se o senhor quiser, está sendo cada vez mais substituída por uma memória do tipo guarda-chuva. Quer dizer, por uma memória pontual, por uma memória furada, por uma memória capciosa, em resumo, por uma memória do tipo guarda-chuva.

Antes, o mundo era contado pelos sapatos. Hoje, cada vez mais, são os guarda-chuvas que os substituem. Ora, o que poderia um guarda-chuva contar do mundo? É por isso que lhe faço a pergunta. O senhor é mais sapato ou mais guarda-chuva?

O INSPETOR: Escute aqui, eu não sei de nada, eu. Eu não estou preparado para esse tipo de pergunta...

O ANIMAL QUE PARECE PERFEITAMENTE UM HOMEM: Acho que é uma monstruosidade deixar os guarda-chuvas contarem o mundo. De todo jeito, para alguém como eu, que não tinha saído do oceano há mil anos, cair num mundo contado pelos guarda-chuvas é cruel. Confesso que não compreendo mais nada. Aliás, não vou me arrastar pela Terra por muito mais tempo.

Aceitei dar uma mãozinha a alguns amigos do parque. Tenho ainda dois ou três espetáculos para dar em Martigues, Salon de Provence e Manosque. E depois volto para casa. Até logo, senhor Inspetor.

O INSPETOR: Senhor animal... Senhor animal, um segundo, por favor... Penso que sou mais sapato. Nunca esqueço de nada. Sei muito bem o que é andar. Desde muito cedo comecei como carteiro... Senhor animal, o senhor está me escutando? Se o senhor é mesmo um animal que parece perfeitamente um homem, será que você se parece comigo também, senhor animal?

No bar da Florence. A vendedora de churros e Frank, o fantasma, estão apoiados no balcão. O velho bêbado está sentado numa mesa, com o olhar perdido.

A VENDEDORA DE CHURROS: Você fez uma grande besteira, meu nego. Besteira grossa. Aliás, você sempre faz grandes besteiras. E um dia isso vai explodir. Vão te jogar numa casa de loucos. Você vai perder sua licença, você vai ver.

FRANK, O FANTASMA: Ah!

A VENDEDORA DE CHURROS: Por que você fez isso com ele? Para se divertir? Tá vendo, nem você sabe por quê. Mas pelo menos você se dá conta de que fez uma besteira bem grande?

FRANK, O FANTASMA: Tá, sim... Tá.

A VENDEDORA DE CHURROS: Você não deveria ter deixado ele entrar. E além de tudo já é quase meia-noite. Deixá-lo entrar à meia-noite não faz sentido. Você viu que era quase meia-noite e você o deixa entrar. Pelo menos você se dá conta de que nunca deveria ter deixado ele entrar à meia-noite?

FRANK, O FANTASMA: Ah, não.

A VENDEDORA DE CHURROS: Sozinho, à meia-noite, na Casa dos Horrores, um pobre inspetor de parque de diversões que nunca investigou nenhum parque de diversões antes.

A DONA DO BAR: Por que ele o deixou entrar sozinho?

A VENDEDORA DE CHURROS: Ah, sim.

A DONA DO BAR: Então, ele está frito.

A VENDEDORA DE CHURROS: Pelo menos você tinha que ter avisado a ele. Mas isso você não fez...

FRANK, O FANTASMA: Fiz sim. Um pouco.

A VENDEDORA DE CHURROS: Claro que não. Você não fez como devia. Por um acaso você lhe disse ao menos para não começar pela sala dos ventos?

FRANK, O FANTASMA: Não. E, de todo modo, tô nem aí. Tô cansado. Vou parar com tudo. Não dá retorno. A Casa dos Horrores. Acabou. Agora, a Casa dos Horrores é a televisão. E esses inspetores... só quero perturbar.

O VELHO BÊBADO (*saindo por um momento do seu estado de prostração*)**:** E eu vou perturbar os guardas!

A DONA DO BAR (*para Frank, o fantasma*)**:** É, você não tá nem aí, mas ele está frito. Todo mundo vai saber. Ele é inspetor. Ele representa o Estado. E se ele desaparecer todo mundo vai ficar sabendo.

A VENDEDORA DE CHURROS: E se fizerem muita confusão, Frank, você está frito também. O ano passado, em Vesoul, teve aquele casalzinho meloso... Os jovenzinhos recém-casados que entraram, foram dar uma volta e nunca mais voltaram. Encontramos apenas o vestido de noiva rasgado na sala dos anjos de orelha cortada. E há dois anos, em Nimes, foi o policial...

O VELHO BÊBADO: Eu provoco os policiais! Eu provoco os policiais! Florence, um copo de vinho tinto!

(*A dona do bar lhe traz o copo. O velho bêbado lança um olhar inflamado para Florence.*) É para assoprar ... He, he, he...

A DONA DO BAR: Pare, Jojo. Você pode beber à vontade, mas cale a boca, certo?

O VELHO BÊBADO: Eu provoco os policiais! É o meu direito.

FRANK, O FANTASMA: Sim, mas o tira, a gente o reencontrou no final das contas.

A VENDEDORA DE CHURROS: O policial quase te saiu bem caro.

FRANK, O FANTASMA: Sim, mas a gente o reencontrou finalmente.

A VENDEDORA DE CHURROS: Sim, mas a gente o reencontrou em Lille.

A DONA DO BAR: Como assim? Ele desapareceu em Nîmes e você o reencontrou em Lille?

FRANK, O FANTASMA: Ah, é isso. Desapareceu em Nîmes e voltou em Lille.

A VENDEDORA DE CHURROS: Você se dá conta: um homem que trabalha para o Estado, que entra numa barraca do parque em Nîmes e volta em Lille. Dois meses depois... Descalço e a arma de serviço evaporada. E com olheiras até aqui...

A DONA DO BAR: Dois meses depois?! E o que é que ele disse?

A VENDEDORA DE CHURROS: Ele pensava que estava em Nîmes. Ele não viu o tempo passar.

FRANK, O FANTASMA: Afinal de contas, não é culpa minha. Ele jogou cartas com os curdos escondidos na sala do vazio. Se ele perdeu as botas e a arma de serviço no pôquer, não é culpa minha.

A DONA DO BAR: Faça-me o favor! O tira e os curdos na mesma sala do vazio!

A VENDEDORA DE CHURROS: E depois ainda tem essa história do lançador de facas.

FRANK, O FANTASMA: O lançador de facas, isso foi há vinte anos.

A VENDEDORA DE CHURROS: Sim, mas, Maria, não faz muito tempo que seu calvário terminou.

FRANK, O FANTASMA: Escute aqui, não posso fazer nada. Estou cansado. Vou parar com tudo. E, de todo jeito, a Casa dos Horrores não assusta mais ninguém. Todo mundo sai rachando o bico.

A DONA DO BAR: Mas não dá para marcar bobeira. Hoje tem as leis...

(*O dono da barraca de tiro ao alvo entra.*)

O DONO DA BARRACA DE TIRO AO ALVO: Oi, colegas! (*Para a dona do bar.*) Florence, uma dose de rum!

A DONA DO BAR: Olhem, a barraca de tiro ao alvo chegou! Muito bem, Leon, faz o maior tempão que a gente não se vê.

O DONO DA BARRACA DE TIRO AO ALVO (*com o copo na mão*)**:** Cinco chumbos no círculo vermelho, cinco sem tocar o branco...

O VELHO BÊBADO: Nem superposição de buracos!

(*O dono da barraca de tiro ao alvo e o velho bêbado viram o copo ao mesmo tempo.*)

O DONO DA BARRACA DE TIRO AO ALVO (*ao velho bêbado*)**:** Muito bem, papá! Pode vir amanhã, te dou cinco jogadas de graça.

A VENDEDORA DE CHURROS: E aí, tá tudo certo? Você está com tudo montado? Já encheu os balões?

O DONO DA BARRACA DE TIRO AO ALVO: Claro... (*Para Frank, o fantasma.*) Então, Frank, você tem novos horrores na sua barraca? E então, você não parece muito em forma, né? Tem quantos curdos se escondendo na sua barraca desta vez?

FRANK, O FANTASMA: Não sei.

O DONO DA BARRACA DE TIRO AO ALVO: E o resistente? Ele continua lá?

FRANK, O FANTASMA: Sei lá. Estou cansado. Estou parando.

A VENDEDORA DE CHURROS: Faz dez anos que você vem com essa mesma lenga-lenga, Frank. Você para, você para e no final das contas não para é nada. Tô de saco cheio.

O DONO DA BARRACA DE TIRO AO ALVO: Florence, mais um rum!

O VELHO BÊBADO: Florence, um copo de vinho tinto! Sem sobreposição de buracos! À nossa!

(*A dona do bar serve.*)

O DONO DA BARRACA DE TIRO AO ALVO: Não vou te dar um beijo, Bernardette... Meu Deus, como você está bonita... As maçãs do amor estão prontas? Vamos lá, camaradas, para a Casa dos Horrores! Falta alguém ainda? O carrossel de bicicleta está lá?

A VENDEDORA DE CHURROS: Ainda não.

O DONO DA BARRACA DE TIRO AO ALVO: Mas ele vai vir, deve estar chegando... Você pintou os banheiros, Florence?

A DONA DO BAR: Lógico.

A VENDEDORA DE CHURROS: Bem, então vou dar uma volta até lá...

(*O dono da barraca de tiro ao alvo vai se sentar ao lado do velho bêbado e o pega pelos ombros.*)

O DONO DA BARRACA DE TIRO AO ALVO: Então, vovô, vamos lá? Vamos lá fazer uma farra com o Vincent?

O VELHO BÊBADO: Ninguém mais respeita nada hoje em dia. Sou um velho, ex-combatente. É verdade que perdi todas as guerras. Mas mesmo assim... respeito é bom e eu gosto...

O DONO DA BARRACA DE TIRO AO ALVO: Vamos lá, vovô, uma rodada por minha conta. Esta noite vamos ser recebidos como reis no Vincent. Dizem que ele continua lá. Acho muito difícil ele estar lá, mas vai que ele está... Aí sim vai ser uma grande cartada... (*Para Frank, o fantasma.*) Vamos lá, Frank, se mexe um pouco. (*Para a dona do bar.*) Um Pernod puro aqui para o Frank! Dose dupla! (*Para Frank, o fantasma.*) Os dois assaltantes de Nice continuam escondidos na caixa-forte? Tem gente dizendo que eles ainda estão lá... Junto com o roubo... (*Para a dona do bar.*) Ele não quer confessar. Ele tá cheio da grana, mas não quer confessar. Vi com meus próprios olhos os dois assaltantes entrarem na casa dele com o dinheiro do banco. Mas ele nunca quis confessar. A grana roubada está toda lá, mas ele não quer confessar. Vamos lá, reconheça que você os ajudou a fugir da polícia. Mas onde você esconde eles? Na sala das cabeças cortadas?

O VELHO BÊBADO (*sai de novo de seu estado de prostração*): Ai, ai, ai, os filhos da puta! Perdemos a guerra por nada. Hoje nem tem mais serviço militar... Só tem as férias pagas... É tudo o que nos resta...

(*Tony, o galante, entra como um raio, louco de raiva, com uma faca na mão.*)

TONY, O GALANTE: Frank, eu te fodo... Frank, eu te sacaneio... Por que você o deixou entrar, Frank? Você sabe o que ele está fazendo lá? Claro que não, você não sabe e não está nem aí. Mas quem que tá levando porrada? Eu e os outros... Ele só tá fazendo merda, mas você não está nem aí...

FRANK, O FANTASMA: Tony, se acalme... Vá dormir. Você prometeu a Maria que ia dormir... Vá se deitar.

TONY, O GALANTE: Frank, um dia vou te furar com minhas facas. Você vai ficar todo furado, Frank, e vai dormir no meu lugar lá na sala das facas voadoras. Por que você deixou ele entrar, hein? Ele abriu todas as portas, esse maluco. Ele entrou na sala dos ventos e depois deixou a porta aberta. E agora tá uma confusão, as portas se abrem em todas as direções, a barraca virou a casa-da-mãe-joana, qualquer um entra e sai...

FRANK, O FANTASMA: Tudo bem, tudo bem, a gente vai dar um jeito nisso...

A DONA DO BAR: Vamos lá, essa rodada é minha. Você bebe o quê, Tony?

(*A vendedora de churros chega.*)

A VENDEDORA DE CHURROS: Mas o que ele tem, esse garoto? É você, Tony? Deus meu, você envelheceu um pouco demais. Por que você está tão infeliz?

O DONO DA BARRACA DE TIRO AO ALVO: Vamos lá, Tony. Coloca esse traseiro aqui. Esta noite temos coisas bem mais sérias a fazer.

O VELHO BÊBADO: Quem é esse aí? É o comedor de espadas? Chega aí, garotão. Você tem dez cervejas por minha conta se você beber com a espada enfiada em sua garganta.

(*Lá fora se escuta um carro de polícia.*)

Meia-noite. Carro de polícia na entrada norte da cidade.

A mulher que tem uma faca enfiada no olho esquerdo se aproxima do carro de polícia, que está com todas as portas abertas. Um jovem policial, totalmente descontraído, está sentado ao volante do carro, um pé na rua. Está escutando uma conversa de rotina pelo sistema de rádio das patrulhas de polícia, conversa entrecortada de interferências na linha e de pausas curtas.

A VOZ DO SARGENTO: Tem ainda duas grandes caravanas que chegam pela nacional, chefe. (*Ruído na linha.*) Não sei se isso estava programado... Sim... Não se pode deixá-los entrar pela praça, a menos que o caminhão do carrossel saia... Senão vamos ter um engarrafamento monstro... Não, é o caminhão que tem que recuar... Sim... Sim, chefe... (*Ruído na linha.*) A montanha-russa, ainda faltam pelo menos duas horas para terminar de montar... Sim... (*Ruído na linha.*) Michel, você está me escutando?

MICHEL: Sim, chefe.

A VOZ DO SARGENTO: Vamos enviar a lagarta pela entrada norte, tudo bem?

MICHEL: Sim, chefe. São quantos?

A VOZ DO SARGENTO: Dois caminhões de tamanho médio.

MICHEL: Estou aqui, chefe. Vou deixá-los passar. Abro os portões.

(*Michel desce do carro e vai abrir os portões. A mulher que tem uma faca enfiada no olho esquerdo pega-o pelos ombros.*)

A MULHER QUE TEM UMA FACA ENFIADA NO OLHO ESQUERDO: Fique assim... Não vire... Ainda não... Esta noite você será meu amante... Não vire, fique assim, deixe-me beijar sua nuca... Sou bonita, você vai ver... Sou bonita, mas tenho uma faca enfiada no meu olho esquerdo... Você não é obrigado a olhar para meu olho esquerdo. E, depois, meus amantes têm o direito de retirar a faca quando fazem amor comigo. Michel, você tem a nuca tão macia... Esta noite você será meu primeiro amante... Por que você está tremendo desse jeito? Não estou quente como você gosta? Não sente o calor do meu corpo? Meu vestido é vermelho, meu corpo é quente, meus seios estão queimando. Está sentindo como estou ofegante? Está sentindo meu perfume? Minha voz é como um ronronar de gata amada. Você gosta de gatas saciadas? Michel, me fala uma coisa bonita, vai, por favor.

MICHEL: Sim, sim...

A MULHER QUE TEM UMA FACA ENFIADA NO OLHO ESQUERDO: Michel, meu amor, como você é bonito, impregnado da poeira da rua. Pode se virar agora, mas bem devagar. Olhe primeiro meu perfil... Pegue nos meus cabelos, nesses meus cabelos vermelhos, macios... Quero suas mãos acariciando meus longos cabelos, Michel... Olha aqui, sou a mulher que tem uma faca enfiada no olho esquerdo... Esta noite, fugi da Casa dos Horrores. Você já entrou lá? A casa dos fantasmas nunca te atraiu? Sou a mulher do lançador de facas bêbado. Foi ele que me fez isso. Foi ele que me fez isso, um dia, durante o espetáculo, diante de todo mundo. Quando estava bêbado. Nós dois moramos na sala das facas voadoras da casa mal-assombrada... É isso, Michel, deixe-me tocar um pouco sua fronte... Me beija a boca, Michel, você não vai se esquecer jamais desse beijo. O beijo da mulher que tem uma faca enfiada no olho esquerdo... (*Eles se beijam.*) Você já amou? Responda, Michel, você tem o direito de dizer não.

MICHEL: Sim.

A MULHER QUE TEM UMA FACA ENFIADA NO OLHO ESQUERDO: É assim que eu me vingo. É assim que me vingo daquele bêbado do meu noivo que me jogou uma faca no olho esquerdo. Cada vez que chegamos numa cidade, saio da casa dos fantasmas e faço amor toda noite com dez amantes. Esta noite, você é meu primeiro amante. Você vai sentir todo o ardor da minha alma. Você vai conhecer a felicidade absoluta, Michel. Você vai me amar como jamais amou mulher alguma... Vamos lá, arranque essa faca do meu olho esquerdo... Se você quer me amar aqui, agora, na estrada norte da entrada da cidade, arranque essa faca do meu olho esquerdo... Assim que você tirar, serei toda sua, Michel... Vou desfalecer nos seus braços... Vamos, arranque a faca...

(*Michel arranca a faca.*)

A MULHER QUE *TINHA* UMA FACA ENFIADA NO OLHO ESQUERDO: Pronto, e agora vamos dançar... Vamos dançar como você nunca dançou... Vamos liberar nosso pobre acordeonista, Michel.

(*O porta-malas do carro de polícia se abre sozinho, com um barulho seco. Michel tira do porta-malas o corpo de Astor Piazzolla brutalmente amarrado e amordaçado. O artista foi amarrado com o acordeom junto ao peito. Michel corta a corda e arranca a mordaça. Coloca em seguida a faca ensanguentada sobre o capô do carro. Astor Piazzolla cospe alguns pedaços de tecido ou de papel que ficaram na sua boca. Começa imediatamente a tocar o acordeom. Michel e a mulher que tinha uma faca enfiada no olho esquerdo dançam. Temos a impressão de que a música é retransmitida pelo rádio do carro, mas entrecortada de tempos em tempos pelos ruídos da linha.*

A anã de vestido de noiva chega, sobe no capô do carro e joga confetes no casal que dança o tango.

Com uma garrafa de cerveja na mão, Frank, o fantasma, chega, mas não ousa se aproximar do casal que dança. Gira em volta deles, tenta captar o olhar da mulher que tinha uma faca enfiada no olho esquerdo, mas esta dança totalmente enlevada. Aproxima-se do carro, vê a faca, estende a mão para pegá-la.)

A MULHER QUE TINHA UMA FACA ENFIADA NO OLHO ESQUERDO: Não toque nessa faca!

FRANK, O FANTASMA (*choramingando*): Marie... Marie, por favor... Não faça isso...

A MULHER QUE TINHA UMA FACA ENFIADA NO OLHO ESQUERDO: Frank, me deixe em paz.

A ANÃ DE VESTIDO DE NOIVA: Saia daqui, Frank, o fantasma. Saia! Deixe-a em paz.

(*Frank, o fantasma, recua, bebe um gole de cerveja e se aproxima de novo do casal.*)

FRANK, O FANTASMA: Marie, por favor… Não tem sentido continuar com isso… Tem gente quase saindo do concerto… A cidade inteira está reunida na Praça da Prefeitura para o concerto da fanfarra municipal… Está acabando… Olhe, é quase meia-noite… Vai acabar dentro de alguns minutos… As pessoas vão passar por aqui.

A MULHER QUE TINHA UMA FACA ENFIADA NO OLHO ESQUERDO: Me deixa em paz, tá bom?

A ANÃ DE VESTIDO DE NOIVA (*que continua a jogar confetes no casal que dança*): Deixa eles, deixa eles em paz… Por favor, só essa noite, por favor.

(*Frank, o fantasma, bebe um gole de cerveja e se aproxima de Astor Piazzolla.*)

FRANK, O FANTASMA: Astor, Astor, pare…

(*Subitamente irritado pelo comportamento de Frank, o fantasma, Michel se desvencilha dos braços da mulher que tinha uma faca enfiada no olho esquerdo, pega a arma e atira duas vezes na direção de Frank, o fantasma, que despenca para trás.*

Michel volta para os braços da mulher que tinha uma faca enfiada no olho esquerdo e os dois recomeçam a dançar o tango.

Um casal muito velho que passeia com seu cachorro se aproxima. O cachorro sobe no capô do carro ao lado da anã com vestido de noiva. O velho senhor e a velha senhora dançam o tango.

A fumaça invade a cena. No chão, Frank, o fantasma, bebe mais alguns goles de cerveja e desaparece com seu chapéu.)

FRANK, O FANTASMA: Como foi que você conseguiu sair, Marie? Faz alguns anos que você não sai mais. Por que agora? Foi aquele senhor Inspetor que tomou o seu lugar? Então é isso? Ah, meu bom Deus, que idiota!

(O menino gago entra com a pequena Bernardette e recomeçam seu número. O menino gago se põe a tocar a flauta e a pequena Bernardette se põe a contar a continuação da história do animal que parece perfeitamente um homem.)

A PEQUENA BERNARDETTE: Ontem, às nove horas da noite, logo antes do pôr do sol, o animal que parece perfeitamente um homem decidiu retornar do oceano. Fazia mil anos que ele vivia perto dos homens sem conseguir compreendê-los. Afinal não temos nada em comum, diz um dia aos homens o animal que parece perfeitamente um homem. Quanto mais vivo perto de vocês, mais vejo que vocês são uns assassinos da memória. E, depois, o oceano começou a jogar nas praias os cadáveres dos cachorros... É um mau sinal, senhor o homem. Se o oceano, por sua vez, começa a cuspir sua memória, é que a grande borracha conseguiu apagar vocês definitivamente...

FRANK, O FANTASMA: Pare, pequena Bernardette, agora não...

(O menino gago e a pequena Bernardette param de contar sua história. A vendedora de churros chega com uma cadeira. A pequena Bernardette sobe na cadeira, fica da mesma altura que seu irmão e dança com ele.)

A VENDEDORA DE CHURROS (*para Frank, o fantasma*): Venha, Frank, venha, meu amor... Me abrace bem forte... Venha, Frank...

FRANK, O FANTASMA: Vocês todos perderam a razão... Todo mundo perdeu a razão esta noite... Todos estão fugindo... Em breve a casa dos fantasmas será uma casa vazia... E depois, o que é que eu vou mostrar? Como mostrar ao público uma casa de fantasmas sem fantasmas?

(*Aplausos fortes ao longe, talvez o concerto da banda tenha acabado. A vendedora de churros se agarra a Frank, o fantasma, e o obriga a fazer alguns passos de dança.*)

A VENDEDORA DE CHURROS: Faz o maior tempão que a gente se perdeu de vista, não é mesmo, Frank? Você arrasta seus fantasmas para todo canto e eu arrasto meus churros por todo canto, mas a gente só se encontra de quatro em quatro anos, ou cinco, sei lá. Seus fantasmas não gostam mais dos meus churros, Frank? Já não basta que você me tem prisioneira de sua casa desde que sou pequena...

FRANK, O FANTASMA (*para a pequena Bernardette*): Bernardette, entre...

(*A pequena Bernardette obedece, seguida por seu irmão. A mulher gorda com a vassoura chega e se põe a varrer os confetes. A mulher que tinha uma faca enfiada no olho esquerdo decide, bruscamente, sair também. Sai puxando Michel pela mão. Astor Piazzolla para de tocar. O velho senhor e a velha senhora param de dançar e aplaudem baixinho. Escuta-se a voz do sargento no rádio.*)

A VOZ DO SARGENTO: Michel, você está aí? (*Ruído.*) Michel, você está me escutando?

(*A anã de vestido de noiva se diverte com a mulher gorda com a vassoura. Joga confetes na frente de sua vassoura enquanto a mulher gorda com a vassoura continua a varrer.*)

A MULHER GORDA COM A VASSOURA: O que me perturba nos anjos é que eles acordam bem tarde nas lixeiras. Mas o que não compreendo mesmo de jeito nenhum é como é que eles sabem antes quais serão as lixeiras que vou esvaziar primeiro. Porque sempre encontro eles nas últimas lixeiras que eu esvazio, perto de onze horas da manhã. Aliás, é por isso que eles conseguem dormir até tarde, porque eles sabem escolher na véspera as lixeiras que vou esvaziar por último no dia seguinte. Mas como sabem e fazem isso se, todos os dias, começo a esvaziar as lixeiras ao acaso? Isso eu não vou sacar nunca. Impossível compreender, é isso aí...

(*Frank, o fantasma, larga a vendedora de churros, pega a faca esquecida no capô do carro e corre atrás da mulher que tinha uma faca enfiada no olho esquerdo.*)

FRANK, O FANTASMA: Marie... Você esqueceu sua faca... Marie... Você esqueceu sua faca... Marie, tô de saco cheio... Tudo sempre cai em cima de mim, sempre em cima de mim...

Na Casa dos Horrores. A sala das cabeças cortadas. Várias cabeças cortadas se insurgem e cospem umas nas outras. Silêncio quando o Inspetor entra.

A CABEÇA DO PRESIDENTE: Bom dia, entre, senhor Inspetor. Coragem. Aqui você está na sala das cabeças cortadas. Fez um bom trabalho, senhor Inspetor. São duas horas da manhã e o senhor ainda está inspecionando os brinquedos do parque de diversões. Merece uma promoção. Vou propor. Você se lembrou dos meus churros?

O INSPETOR: Seus churros? Não... Por quê?

A CABEÇA DO PRESIDENTE: Quando eu o nomeei, Inspetor, para a segurança do parque de diversões em nossa região, meio brincando pedi para você me trazer um churro. Mas você não está nem me reconhecendo.

O INSPETOR (*horrorizado*)**:** Senhor Presidente da Região Eólica dos Alpilles! É o senhor?

A CABEÇA DO PRESIDENTE: Enfim, sua cabeça começa a pensar. Pronto! Sou eu. Está lembrando agora quando lhe pedi para me trazer um churro? Você estava saindo do meu escritório e eu lhe disse rindo: "Bom trabalho e não se esqueça de me trazer um churro!". Você se lembra?

O INSPETOR: Claro.

A CABEÇA DO PRESIDENTE: Pronto, era um pouco para me divertir, mas agora estou com uma vontade louca de comer alguns churros. E você esqueceu de me trazer os churros. Essa é a conclusão. E não há nada a acrescentar.

O INSPETOR: Senhor Presidente, estou em estado de choque, não esperava encontrá-lo...

A CABEÇA DO PRESIDENTE: A me reencontrar aqui, você quer dizer... E meu discurso sobre a resistência? Onde é que você quer que eu redija meu discurso sobe a resistência contra a memória-guarda-chuva? Aliás, eu tive o prazer de encontrar um verdadeiro resistente, que se crê ainda na resistência francesa. Em 1943, ele estava sendo perseguido pelos alemães. Escondeu-se num parque de diversões e, quando os alemães entraram na quermesse, entrou na Casa dos Horrores. E, a partir daí, não saiu mais. Gérard, venha cá, venha cumprimentar o senhor Inspetor.

GÉRARD, O RESISTENTE: Bom dia, senhor Inspetor.

A CABEÇA DO PRESIDENTE: Ele não trouxe meus churros.

GÉRARD, O RESISTENTE: Não me surpreende. Passamos por tempos estranhos...

A CABEÇA DO PRESIDENTE: Gérard, o senhor Inspetor foi nomeado por mim para garantir a segurança dos aparelhos do parque de diversões. É um homem íntegro, um funcionário modelo, que nunca esquece de nenhum detalhe. Só dos meus churros. Você pode confiar totalmente nele.

GÉRARD, O RESISTENTE: Não confio em ninguém. Nem mesmo em gente da minha própria família.

A CABEÇA DO PRESIDENTE: Gérard, você está começando a me encher o saco de novo. Já falei mil vezes que a guerra acabou. Pergunte ao senhor Inspetor. Senhor Inspetor, diga a verdade a esse cara teimoso como uma mula… A guerra terminou ou não?

O INSPETOR: A guerra acabou, Gérard. Você pode voltar para casa.

GÉRARD, O RESISTENTE: Não confio em ninguém. Nem mesmo na gente da minha própria família.

A CABEÇA DO PRESIDENTE: Pronto, você vê agora o que ele me faz? E você sabe por que ele diz isso? Diz isso porque somos primos em segundo grau. (*Para Gérard, o resistente.*) Gérard, por que você não confia no senhor Inspetor? Por que você é tão teimoso, Gérard? Para que tudo isso, esse deslocamento sem fim, de cidade em cidade, dentro dessa casa mal-assombrada, quando todos os outros camaradas jogam peteca e enchem a cara com *pastis*[1]? Responda, Gérard, o que é que você tem na cabeça?

---

[1] Bebida alcoólica aromatizada com anis. O pastis resulta da maceração de diversas plantas. É feito com álcool destilado e, no seu processo de produção, são adicionadas ervas e flores. Depois do processo, é feito um licor ao qual é adicionado novamente anis. A bebida surgiu na França, após a interdição do famoso absinto. (N. E.)

GÉRARD, O RESISTENTE: Tenho medo, Sérgio.

A CABEÇA DO PRESIDENTE: Do que você ainda tem medo, Gérard? Mas pense um pouco, com a cabeça fria, e diga ao senhor Inspetor de que você tem medo.

GÉRARD, O RESISTENTE: Tenho medo dos Boches.

A CABEÇA DO PRESIDENTE: Pronto, nada a fazer... Vá, vá embora, Gérard, que eu tenho que trabalhar com o senhor Inspetor! Vá jogar cartas com os curdos! (*Para o Inspetor.*) O dia inteiro fica jogando cartas com dois clandestinos curdos que entraram na casa há três anos. Pensaram que o caminhão ia levá-los para a Inglaterra. Bem, sente-se, senhor Inspetor. Vamos trabalhar um pouco sobre a questão da memória-guarda-chuva. Convoquei aqui todas as cabeças do executivo...

(*As cabeças recomeçam a cuspir umas nas outras, fazendo uma gritaria, etc.*)

Fala-se cada vez mais que frequentemente nossa boa e velha memória do tipo sapato está sendo substituída pela memória do tipo guarda-chuva. Devo dizer-lhes que essa transformação não me atingiu.

A CABEÇA IRADA: Não é verdade! Não é verdade!

A CABEÇA DO PRESIDENTE: Foi por isso que decidi vir aqui, diante de vocês, para vos dizer que eu, enquanto Presidente da Região Eólica dos Alpilles, não fui absolutamente atingido por essa transformação. Vocês podem confiar em mim. Minha boa e velha memória do tipo sapato está em perfeito estado. Isso é um fato. É verdade. Estou aqui com vocês para tranquilizá-los.

A CABEÇA PENSANTE: Tranquilizar, conta outra.

A CABEÇA DO PRESIDENTE: Penso que isso deveria tranquilizá-los mesmo se vocês já sofreram a transformação. Mesmo as pessoas que já foram atingidas pela memória-guarda-chuva deveriam, em princípio, se sentir tranquilas pelo fato de que a Região é dirigida por alguém que possui ainda a boa e velha memória-sapato. Pronto, isso é uma verdade do tipo sapato, e faço questão de dizer, mesmo se alguns dos meus ouvintes já se tornaram guarda-chuvas.

Eu, seu presidente, declaro aqui que ainda não me tornei um guarda-chuva. Permaneço e permanecerei sapato. Para o bem dessa região. Para o bem de cada um de vocês, sapatos ou guarda-chuvas. (*As cabaças tremem, caem na gargalhada, assobiam, etc.*) Não se tornar um guarda-chuva é uma questão de resistência, no que me diz respeito. Aliás, nesses momentos difíceis para nossa região, creio que deveríamos todos nos solidarizar para compor um amplo movimento de resistência. É preciso falar sem cessar "sapato, sapato, sapato". Peço então que repitam depois de mim: "somos todos sapatos".

AS CABEÇAS: Somos todos sapatos. Somos todos sapatos.

A CABEÇA DO PRESIDENTE: Muito bem! Ser sapato e ficar sapato tornou-se agora uma questão de cidadania. Mesmo se todos sentimos que estamos virando guarda-chuva… Mesmo se talvez hoje seja nosso último dia de homem-sapato. Mesmo se, no fim dessa jornada, ficarmos todos guarda-chuva…

(*O Inspetor sai devagar da sala das cabeças cortadas e fecha a porta atrás dele. Ele topa com o lançador de facas bêbado que anda de lá para cá.*)

O INSPETOR: Ufa! O senhor continua esperando sua mulher?

O LANÇADOR DE FACAS BÊBADO: Sim, e além de tudo minha cabeça está estourando. E, fora qualquer coisa, tenho que me exercitar. Amanhã, às dez horas, tenho meu número... Apesar de, hoje em dia, as pessoas gostarem mesmo é de brinquedos com carrinhos elétricos ou com dispositivos de apertar botões ou atirar coisas...

O INSPETOR: Posso me sentar um instante?

O LANÇADOR DE FACAS BÊBADO: Claro. Você ainda quer inspecionar minhas facas de novo? Não? Espero que Marie venha antes do amanhecer... senão estou perdido. Sabe, meu pai era comedor de espadas. Era capaz de entupir a boca com cinco ou até seis sabres... Totalmente incrível! E no fim acabou morrendo por uma besteira...

O INSPETOR: Sabe de uma coisa? Estou achando que tenho uma outra voz dentro da minha cabeça...

O LANÇADOR DE FACAS BÊBADO: Foi por causa de uma aposta horrível, aqui nessa mesma cidade, há trinta anos, na casa de Jojo. Eram quase três horas da manhã. Os donos dos brinquedos tinham trabalhado a noite toda montando seus aparelhos e às três horas da manhã estavam todos na casa de Jojo, bebendo alguma coisa e conversando. Foi quando meu pai entrou no bar e um engraçadinho lhe disse: "Quero só ver, beberrão, você ganha dez cervejas se beber com a espada enfiada na garganta". E meu pai disse que sim.

O INSPETOR (*que não está escutando muito bem o lançador de facas bêbado*): Mesmo quando ela não fala, escuto seu silêncio.

O LANÇADOR DE FACAS BÊBADO: Eu sei.

O INSPETOR: É mesmo? Isso acontece com você também?

O LANÇADOR DE FACAS BÊBADO: E como!

O INSPETOR: Tem dias que estou passeando sozinho pelas ruas da cidade. E de repente essa merda de segunda voz me diz: "Agora!". "Agora" o quê? Por quê?

O LANÇADOR DE FACAS BÊBADO: É horrível.

O INSPETOR: Agora mesmo, por exemplo, estou falando com você, conto para você o que estou contando, e ela… Sabe o que ela diz?

O LANÇADOR DE FACAS BÊBADO: Nada. Ela segura o riso.

O INSPETOR: Exatamente. Ela fica segurando o riso. Como é que você sabe? Eu falo com você e ela na minha cabeça… Ela ri, ela se contorce. Você também está escutando, não é?

O LANÇADOR DE FACAS BÊBADO: É, às vezes…

O INSPETOR: A propósito, quando você era pequeno, você gaguejava?

O LANÇADOR DE FACAS BÊBADO: Não, por quê?

O INSPETOR: Ah! Falo por falar, assim. Porque tudo é possível. Mas, no que diz respeito à memória, você está mais para sapato, imagino. Um lançador de facas bêbado, na minha opinião, tem que ser obrigatoriamente sapato para não errar o alvo.

O LANÇADOR DE FACAS BÊBADO: Sim, sou verdadeiramente sapato, senhor Inspetor. Nós aqui do parque de diversões, os verdadeiros, os caras das antigas, somos todos muito bons sapatos... Vamos lá, coragem. Quer continuar a balada? À esquerda fica a sala dos flautistas gagos, à direita está a sala dos anjos de orelha cortada e, na frente, é a sala do mistral, dos ventos e dos odores...

O contador na sala do vazio.

O CONTADOR DE HISTÓRIAS (*para o público*): Boa noite. Vamos recapitular o que está acontecendo agora. São duas horas da manhã. Praça da República, os donos dos brinquedos ainda estão montando suas atrações. As montanhas-russas, o carrossel de cavalos de madeira e a catraca estão quase prontos. Uma esteira ainda está jogada no chão esperando a chegada de uma grua. A-lagarta-ondas-do-oceano, que tinha se atrasado, avança devagar agora em direção à praça, dirigida por uma patrulha da polícia. Praça da Prefeitura, o concerto acabou. Os homens entraram em suas casas. As ruas da cidade estão desertas, só o pessoal do parque de diversões continua acelerado pela Praça da República. Uma mulher jovem vestida de vermelho, cujo nome é Marie, vagueia pela cidade com uma faca enfiada no olho esquerdo. Frank, o fantasma, seguiu-a por algum tempo, implorando que voltasse para a Casa dos Horrores. Mas Marie não o escuta. Esta noite é para ela a noite dos dez amantes. Já fez amor num carro de polícia com um jovem oficial encarregado de filtrar os veículos autorizados, na entrada norte da cidade. Quando a lagarta passou por lá, o jovem policial estava lambendo o umbigo de Marie no banco de trás. Os três caminhões que transportavam a lagarta passaram ao lado deles sem parar. O cara do parque de diversões do primeiro caminhão disse: "Olha lá a Marie sem-vergonha de novo". O cara do parque de diversões do segundo caminhão disse: "Fazia um tempinho que eu não a via". E o cara que dirigia o terceiro caminhão disse: "Cuidado, garotos, se vocês fizerem amor com Marie, no final não aceitem colocar de novo a faca no olho dela, senão vocês estão ferrados".

(Uma porta se abre. Uma borracha gigante amarrada ao teto diante da porta se balança como um pêndulo. O Inspetor se aproxima da porta, observa por alguns segundos o movimento da borracha e, em seguida, com um movimento rápido, desliza para o interior da sala.)

Boa noite, senhor Inspetor. Bem-vindo à sala do vazio.

O INSPETOR: Boa noite.

O CONTADOR DE HISTÓRIAS: Não acreditava que o senhor fosse encontrar tão cedo a sala do vazio. Mas pronto! O senhor a encontrou. Está na sala do vazio. Eu, eu sou o contador de Histórias. Sou a única pessoa que mora na sala do vazio. Como todo contador, tento contar o mundo. Então, conseguiu resolver sua questãozinha? O senhor está mais para sapato ou guarda-chuva?

O INSPETOR: O que é essa borracha gigante balançando como um pêndulo?

O CONTADOR DE HISTÓRIAS: Aí é a saída da sala do vazio. Para sair da sala do vazio, é preciso passar ao lado da borracha gigante. E como a borracha gigante balança, mesmo se você for muito rápido para sair da sala do vazio, ela vai certamente apagar alguma coisa sua. Tem gente que, ao sair, perdeu um olho ou um braço, tem gente aqui que, saindo, perdeu a esperança ou a confiança na verdade... O mais comum é as pessoas perderem uma parte da memória ao sair daqui. Quer um exemplo? (*Ele abre uma espécie de janela.*) Está vendo lá no finzinho... É Gérard, jogando cartas com os dois curdos. (*Ele berra bem alto.*) Gérard, onde que você perdeu seu braço? Na resistência?

GÉRARD, O RESISTENTE (*gritando*): Eh... Sim, acho que sim.

O CONTADOR DE HISTÓRIAS (*gritando*): Na Cévennes?

GÉRARD, O RESISTENTE (*gritando*): Eh... Sim, acho que sim.

O CONTADOR DE HISTÓRIAS (*gritando*): Na Normandia?

GÉRARD, O RESISTENTE (*gritando*): Eh... Sim, acho que sim.

O CONTADOR DE HISTÓRIAS (*fecha a janela*): Pronto. Um dia ele quis visitar a sala do vazio. É a única que ele quis visitar desde que se esconde na Casa dos Horrores. Ele visitou e, na saída, a borracha gigante lhe apagou um braço. (*Ele abre de novo a janela. Para Gérard, gritando.*) Gérard, você se lembra do dia em que veio aqui para visitar a sala do vazio?

GÉRARD, O RESISTENTE (*gritando*): Eh... Sim, acho que sim. Eu tinha medo dos alemães.

O CONTADOR DE HISTÓRIAS: É isso, bem-vindo à sala do vazio, senhor Inspetor. Você sabe, o problema fundamental do contador de histórias é saber se o mundo pode ser contado por um guarda-chuva. Imaginemos então um guarda-chuva que nos diz: "Bom dia". Imaginemos então um guarda-chuva que nos diz: "Estou aqui diante de vocês". Imaginemos um guarda-chuva que nos diz: "Eis-me aqui, diante de vocês, para lhes contar o mundo". Apenas o mundo! Então, vocês pensam o quê, nesse caso? Vocês pensam: "Ele quer nos contar o mundo, esse aí". É terrível os guarda-chuvas que querem nos contar o mundo, não é mesmo? Você pensa: "Fala sério, afinal de contas o que é que um guarda-chuva poderia nos contar – um guarda-chuva – sobre o mundo? E aí isso poderia se parecer com o quê, o mundo contado por meio da chuva? Eu, imaginem, acredito que um guarda-chuva só pode contar algumas coisas e somente sobre a chuva". E olha o que vocês pensaram, o guarda-chuva não pode nos contar o mundo porque ele só conhece o mundo através chuva. Ora, o mundo não pode ser reduzido à chuva. Estou sendo claro, senhor Inspetor?

O INSPETOR: Sim... Sim... Completamente...

O CONTADOR DE HISTÓRIAS: E, depois, pense ainda, como o guarda-chuva só sai quando chove, o guarda-chuva aborda forçosamente o mundo antes por meio da chuva. Tudo o que ele poderia nos contar sobre o mundo é forçosamente limitado à chuva, eventualmente à chuva e ao vento. Claro, há dias em que os guarda-chuvas saem também quando faz bom tempo, mas é somente porque a gente tem medo que chova. E não se pode esquecer que, quando faz bom tempo, o guarda-chuva está sempre dobrado. Então, o que é que ele poderia nos contar sobre o mundo, um guarda-chuva dobrado? O senhor está me acompanhando, senhor Inspetor?

O INSPETOR: Sim, sim... Completamente.

O CONTADOR DE HISTÓRIAS: Então, um guarda-chuva não pode nos contar satisfatoriamente o mundo, conclui você, porque ele não tem o sentido da continuidade. Como o guarda-chuva só vive plenamente quando chove, ele é obrigatoriamente tentado a acreditar que o mundo tem um sentido somente quando chove. Como o guarda-chuva só vive plenamente de tempos em tempos, em função dos caprichos da chuva, é levado a crer que o tempo é caprichoso por natureza. Um guarda-chuva não pode ter o sentido de *ritmicidade* justamente porque as chuvas são arrítmicas, portanto os guarda-chuvas não podem captar a natureza do tempo. Tudo o que a memória de um guarda-chuva pode armazenar, sempre segundo você, passa forçosamente pela chuva e sua desordem temporal. A memória-guarda-chuva é então forçosamente uma memória *parcial e truncada*, subjugada, sujeita à chuva, aos ventos e às nuvens... Ora, o mundo não é isso. Ou, se você quiser, o mundo é também isso, mas não somente isso, longe disso... Descrever o mundo como um encadeamento de passos apressados, de barulhos dos batentes das janelas se fechando, de nuvens, de trovoadas, de relâmpagos, de quedas de gotas de água e de superfícies inundadas, é forçosamente truncado, é como se o mundo fosse amputado... É isso aí que você pensa, você. E eu, o contador de histórias, o que eu penso é: "Será que sou obrigado a pensar como vocês?".

O INSPETOR: Ah, não, não... Não se sinta obrigado a pensar como eu. Se se trata de mim, pessoalmente... Eu, eu nunca peço a ninguém para pensar como eu pessoalmente...

O CONTADOR DE HISTÓRIAS: Porque você diz: "Não, não se pode confiar nos guarda-chuvas para ter uma visão completa do mundo pela simples razão de que os guarda-chuvas têm muito pouco contato com o mundo". Não é?

O INSPETOR: Eu falei isso? É verdade? Bem, já que você diz...

O CONTADOR DE HISTÓRIAS: Porque você diz: "Não esqueça que os guarda-chuvas passam a maior parte do seu tempo em algum lugar no *hall* do seu apartamento ou da sua casa. O que é que eles poderiam nos contar sobre o mundo, os guarda-chuvas, que passam a maior parte de tempo dobrados e guardados num *hall* de um apartamento? Poderiam crer que a linguagem se reduz às seguintes fórmulas: "bom dia", "boa noite", "até mais", "até logo", "você está aí?", "quem foi que deixou o casaco no chão?", "onde está a mamãe?", "onde está o papai?", "estou acabado"... Veja que eles, os guarda-chuvas, poderiam muito bem crer que o mundo é limitado a essas frases ou a esse tipo de frases... É isso que poderia crer um guarda-chuva dobrado e cego, porque um guarda-chuva dobrado é forçosamente cego. Esse é o seu pensamento. Mas eu, o contador de histórias, pergunto a você: "Será que sou obrigado a contar as coisas exatamente como elas se passaram?".

Estrada de terra não muito longe da cidade.
A mulher que tinha uma faca enfiada no olho esquerdo
faz amor com o motoqueiro.

A MULHER QUE TINHA UMA FACA ENFIADA NO OLHO ESQUERDO (*se soltando do motoqueiro*): Pobre motoqueiro. Dormiu nos meus braços. Estava cansado, pobre garoto. Provavelmente esteve nas estradas o dia todo. (*Para o motoqueiro adormecido.*) Você é um belo rapaz, sabia? E você fez amor comigo bem em cima de sua moto, sabia? Você sabe fazer amor com uma mulher em cima da moto, hein, seu sacana! Você já fez isso mil vezes, não é? Ele não me responde. Ele dorme. Vai dormir perto da estrada, sem sonhar, até o amanhecer. Ai! Você esqueceu de recolocar a faca no meu olho esquerdo. (*Ela o sacode um pouco.*) Não sei nem mesmo seu nome. Ei! Meu bonitão, você esqueceu de recolocar a faca no lugar, e agora estou chateada... Eu te disse que não poderia partir se você não me enfiasse a faca de novo no olho. Você está me escutando? Não, você não está escutando nada. Só o sol é que vai poder despertá-lo amanhã de manhã... Ai! Você quer que eu fique sua prisioneira durante o seu sono? Não posso sair daqui e ainda tenho sete homens para amar antes do amanhecer, sem contar o Inspetor, que me espera na sala dos enforcados... Ele não se mexe... Ele me deu tudo, o pobre garoto. Mas o que é que eu faço agora? Alguém tem que repor a faca no meu olho esquerdo, pois não posso fazer isso sozinha... É uma dessas coisas que não posso fazer sozinha... Só os homens que me amam podem fazê-lo... Só os homens que me amaram é que podem, para poder me amar, retirar a faca, e sempre eles é que devem recolocá-la, para que eu possa amar outros homens... Tony! Tony, onde você está?

O LANÇADOR DE FACAS BÊBADO: Estou aqui, meu amor.

A MULHER QUE TINHA UMA FACA ENFIADA NO OLHO ESQUERDO: Tony, por que você me segue?

O LANÇADOR DE FACAS BÊBADO: Porque estou loucamente apaixonado por você, Marie.

A MULHER QUE TINHA UMA FACA ENFIADA NO OLHO ESQUERDO: Não gosto disso, Tony. Você precisa deixar de me seguir, Tony. Ainda tenho sete homens para amar esta noite, sem contar o Inspetor, que me espera na sala dos enforcados. Vai dormir, Tony.

O LANÇADOR DE FACAS BÊBADO: Tudo bem, Marie. Tchau, Marie. Vou para casa, mas não sei se poderei dormir esta noite. Esta noite tem alguma coisa no ar. O contador de histórias enlouqueceu, seus filhos vagueiam pela cidade contando histórias bizarras... Na Casa dos Horrores está uma bagunça, a borracha apagou a memória do Inspetor, as portas das salas não fecham direito, há desconhecidos que passeiam por todo lugar, a Cabeça do Presidente da Região Eólica dos Alpilles desapareceu... Aliás, vários internos saíram de seus quartos para dar uma volta pela cidade, até mesmo o animal que parece perfeitamente um homem fugiu... De verdade, está uma bagunça na Casa dos Horrores. Fui falar tudo isso a Frank, o fantasma, mas ele nem ligou, ele reencontrou sua velha amiga Bernardette e agora os dois estão enchendo a cara na Florence. E eu estou feliz e infeliz ao mesmo tempo e não sei mais o que fazer.

(*Ele pega uma garrafa e bebe um gole. A mulher se aproxima dele e lhe dá um beijo.*)

A MULHER QUE TINHA UMA FACA ENFIADA NO OLHO ESQUERDO: Ponha a faca no meu olho, Tony.

O LANÇADOR DE FACAS BÊBADO: Para mim, você não pode pedir isso, Marie.

A MULHER QUE TINHA UMA FACA ENFIADA NO OLHO ESQUERDO: Claro que posso, Tony. Sim, meu amor, se você quiser que eu me deite rápido com meus outros oito amantes e que eu volte rápido para te encontrar no seu leito de madrugada, ponha essa faca no meu olho.

O LANÇADOR DE FACAS BÊBADO: É duro para mim, o que você me pede, Marie. (*Ele enfia a faca no olho dela.*) Mas você sabe que eu te amo… Vá, vá logo bancar a puta com os outros… Depressa, Marie, já são duas horas da madrugada. Onde você vai encontrar oito homens nessa cidade?

A MULHER QUE TEM UMA FACA ENFIADA NO OLHO ESQUERDO: Não se preocupe, vou me virar. Tchau, meu amor.

(*Ela se afasta e desaparece.*)

O LANÇADOR DE FACAS BÊBADO: Eu sei, meu coração… Eu sei… Você é assim. Você nasceu assim. Toda noite, depois da meia-noite, depois de me fazer feliz como um rei, você tem que partir com seus amantes. Sim, eu sei, você nasceu assim, você dá mais que os outros corações, mas toda noite, depois da meia-noite, você tem que partir com seus amantes. Depois de me dar mais volúpia que todos os outros corações, você tem que partir para junto dos seus amantes, pois senão você sufoca. E eu devo fingir que não sei de nada. Eu, a partir do momento em que me sinto feliz como um rei, devo fazer de conta que durmo. Devo fazer de conta que não sinto quando você me deixa. Devo fazer de conta que não escuto quando você abre as portas dos dez armários onde você guarda seus vestidos... Os dez armários onde você guarda os sapatos... Os dez armários onde você guarda suas joias e seus perfumes... E devo fazer de conta que não vejo, também, como você escolhe o vestido vermelho para seus amantes, os sapatos vermelhos para seus amantes, os brincos de prata para seus amantes.

(*O motoqueiro acorda sobressaltado.*)

O MOTOQUEIRO: Onde você está? Onde ela está, a mulher que estava comigo?

O LANÇADOR DE FACAS BÊBADO: Foi embora. Ela tem ainda oito amantes para encontrar.

O MOTOQUEIRO: Como? O que você está dizendo? Você está bêbado. Para que lado ela foi? Vou atrás dela com a minha moto.

O LANÇADOR DE FACAS BÊBADO: Fique tranquilo, meu garoto. Você nunca mais vai voltar a vê-la. Você dormiu sem ter recolocado a faca no olho esquerdo dela. Ela é minha mulher, essa mulher. E esse perfume, que ela nos deixou aqui, é o perfume que eu comprei a ela para seus amantes. É o perfume que devo fazer de conta que não sinto, quando ele invade pouco a pouco a casa, depois que Marie colocou uma gota no pescoço, uma gotinha atrás da orelha, uma gotinha nos seios.

O MOTOQUEIRO: Você é louco. Você é velho e louco. Eu sou jovem e vou procurá-la. (*Sobe na motocicleta.*) Mas você tem razão, seu perfume está espalhado por todo lugar... A noite está impregnada do perfume dessa mulher... São os eflúvios do seu perfume que vão me guiar.

(*O motoqueiro parte. Escuta-se a passagem de uma flauta pelo campo. O animal que parece perfeitamente um homem faz sua aparição.*)

O ANIMAL QUE PARECE PERFEITAMENTE UM HOMEM: Então, Tony? Tudo está a contento? Você também fugiu, até você?

(*O lançador de facas bêbado ficou cego por um momento, pela chegada do animal que parece perfeitamente um homem.*)

O LANÇADOR DE FACAS BÊBADO: É você, senhor animal? Sim, estava passando mal, completamente sozinho na sala das facas voadoras. E, depois, esta noite não é como as outras. Não é por nada que esses velhos companheiros do parque de diversões marcaram um encontro esta noite nesta cidade. Com certeza estão tramando alguma coisa. Mas o quê? Não tenho ideia. Mas você observou que na Praça da República só tem coisas à moda antiga. Um velho carrossel de madeira que range todos seus parafusos quando gira, um balanço cujas correntes parecem que vão arrebatar a qualquer momento, uma atração de espelhos enganadores como não se vê mais em nosso dias... E esse pau-de-sebo e essa catraca... Vai acontecer alguma coisa, estou dizendo... E você? Você ficou com vontade de respirar o ar fresco do campo?

O ANIMAL QUE PARECE PERFEITAMENTE UM HOMEM: Sim, eu queria, também, respirar um pouco da imensidão da noite. Tenho a impressão de que esta noite está ainda mais mergulhada na imensidão. Mais profunda, mais estrelada do que as outras noites. Normalmente, uma noite como esta deveria eliminar toda a maldade humana. Mas o homem, ele, ele nem quer saber, fica escondido atrás de sua memória-guarda-chuva. Sempre que tem de responder a uma questão importante, o homem abre usa memória-guarda-chuva. Não sei como o homem chegou aí. Como pode esquecer, pouco a pouco, a mensagem que ele deveria trazer? Você se lembra ainda, Tony, o galante, da mensagem que deveria levar pela sua vida afora?

O LANÇADOR DE FACAS BÊBADO: A mensagem da minha vida está na extremidade das minhas facas.

(*O velho senhor e a velha senhora chegam com seu cachorro negro.*)

O VELHO SENHOR (*ao lançador de facas bêbado*): Desculpe-me, senhor. O senhor não é, por acaso, Tony, o galante? Mas talvez eu esteja enganado.

O LANÇADOR DE FACAS BÊBADO: Não, o senhor não se engana, vovô. Sou eu, Tony, o galante.

O VELHO SENHOR (*para a velha senhora*): Está vendo? Bem que eu disse que era Tony, o galante.

(*Ao lançador de facas bêbado.*) Ela não queria acreditar em mim. Ela é assim. Ela nunca acredita em mim. E, mesmo diante das evidências, ela hesita, toda prova a deixa infeliz. (*Para a velha senhora.*) Não é verdade, Mathilde?

A VELHA SENHORA: Pare!

O VELHO SENHOR (*ao lançador de facas bêbado*): Como estou contente de ver você. Quando reconheci você agora pouco, no meio da estrada, com seu cachorro branco gigante iluminado majestosamente pela lua, disse a minha mulher: "Podia jurar que é Tony, o galante". Mas ela não acreditou em mim. Ela pensou que era simplesmente alguém passeando com seu cachorro. Mas não há ninguém nesta cidade, fora a gente, que leva o cachorro para passear às duas horas da manhã. Você está com um aspecto triste, Tony. Você finalmente fugiu da Casa dos Horrores? Você sabe, faz vinte anos que nós assistimos àquele famoso momento em que você mutilou sua mulher.

O LANÇADOR DE FACAS BÊBADO: É mesmo? O senhor estava lá?

O VELHO SENHOR: Sim! Nós dois estávamos lá.

A VELHA SENHORA: Mas eu não me lembro disso.

O VELHO SENHOR: Mas, claro, você estava lá. (*Para o lançador de facas bêbado.*) Ela estava lá, mas não quer reconhecer. Ela é assim. Não quer reconhecer nada. Então, Tony, você voltou ao lugar da infelicidade, de alguma maneira? Oh! Como eu te compreendo bem.

O LANÇADOR DE FACAS BÊBADO: Sim, vovô.

O VELHO SENHOR: Olha só, nosso cachorro parece se entender bem com o seu. Você também, você tem que passear com o cachorro a noite toda?

O LANÇADOR DE FACAS BÊBADO: Eu também corro atrás do meu cachorro a noite inteira.

A VELHA SENHORA: Bem, vamos. Deixe o cara em paz. A noite é longa.

O VELHO SENHOR: Quem sabe até os dois são da mesma raça. Encontramos o nosso há dez anos, na Camargue. A gente estava passeando às margens do lago de Vaccares...

A VELHA SENHORA: Não, foi no farol da Gacholle.

O VELHO SENHOR: Merda! Mas isso não fica à margem do lago?

A VELHA SENHORA: Sim, mas era no farol da Gacholle.

O VELHO SENHOR: Pouco importa. Era lá. E o cachorro começou a nos seguir. E ele nos seguiu o dia inteirinho. E de noite, quando a gente subiu no carro, o cachorro começou a seguir o carro. Então a gente parou, abriu a porta de trás e o cachorro subiu no carro, no banco de trás. E decidimos ficar com ele. Mas nunca soubemos o que ele quer de verdade, esse cachorro. De noite, ele é capaz de chorar como um bebê...

A VELHA SENHORA: Ele definitivamente berra como uma besta.

O VELHO SENHOR: Pouco importa. O que quero dizer é que somos obrigados a passear a noite inteira. É o único meio de acalmá-lo. E nós só podemos ir dormir ao amanhecer. É isso aí. Fez dez anos agora que, de noite, a gente sai andando pelas ruas da cidade e das redondezas. E a gente vai dormir de madrugada.

A VELHA SENHORA: Felizmente que a gente não dorme nunca.

(*Barulho de moto que se aproxima. O motoqueiro faz sua aparição.*)

O MOTOQUEIRO (*ao lançador de facas bêbado*)**:** Não consigo encontrá-la. Rodei umas dez vezes essa cidade, passando por todas as ruas. Nada. Ela evaporou na natureza. E, para piorar, o mistral está começando a soprar. O vento vai apagar todos os traços do seu perfume. Por acaso, ela não passou por aqui outra vez?

O LANÇADOR DE FACAS BÊBADO: Não.

O MOTOQUEIRO (*para o velho senhor e para o velha senhora*)**:** Procuro uma mulher toda vestida de vermelho, com sandálias vermelhas e cabelos ruivos. O senhor não a viu, por acaso?

O VELHO SENHOR: Uma mulher com uma faca enfiada no olho esquerdo?

O MOTOQUEIRO: Sim.

A VELHA SENHORA: Não, não a vimos.

O VELHO SENHOR: Não, nós não a vimos. Vamos lá. Vamos embora, Tony. Esse seu cachorro é inteligente. Tem cara de entender toda a nossa conversa. Amanhã passamos para ver você lá no parque de diversões. Tchau, Tony.

A VELHA SENHORA: Tchau, Tony.

O CACHORRO NEGRO QUE DIZ TCHAU: Tchau, Tony.

O LANÇADOR DE FACAS BÊBADO: Tchau.

O ANIMAL QUE PARECE PERFEITAMENTE UM HOMEM: Tchau.

(*O velho casal se afasta.*)

O MOTOQUEIRO: Tenho medo de estar louco. Já faz algum tempo que vejo coisas muito bizarras. Há cabeças sem corpo que passeiam pela cidade. Na Praça de Tourtet, topei com um acordeonista que toca sozinho faz umas duas horas, ao passo que em cima de sua cabeça um equilibrista está instalando uma corda esticada. Vi também dois meninos que carregam uma borracha imensa pela cidade. É uma borracha escolar, só que ela é imensa, maior que uma casa de dois andares. Mas ela não tem cara de ser pesada: os dois garotos estão empurrando a carroça sem esforço. O que é que eles pensam poder apagar com ela? Difícil dizer. Bem, vou embora. Vou sair direto pelo meio do campo. Você acha que eu devia dar uma volta pelo lado dos Alpilles?

O LANÇADOR DE FACAS BÊBADO: Sim, vá na direção dos Alpilles.

O MOTOQUEIRO: Ou talvez devesse ir para o lado do Hospício de Saint-Paul. Você está escutando os gritos? Parece que estão vindo do Saint-Paul.

O LANÇADOR DE FACAS BÊBADO: Sim, vá para o lado de Saint-Paul.

(*O motoqueiro liga a moto e parte.*)

O ANIMAL QUE PARECE PERFEITAMENTE UM HOMEM: Ufa! Como essa gente fala. Você viu só, o velhinho e a velhinha? Eles nem se deram conta de que acabavam de sair da sala dos ventos e dos odores. Isso me cansa tanto, todas as palavras que não têm mais sentido... Não querem dizer mais nada, a não ser na boca de um contador de histórias. Perderam completamente o sentido, a não ser na boca do contador de histórias. Tony, me sinto exaurido e ando trocando demais a palavra "hoje" pela palavra "sempre". Depois dos espetáculos de Cavaillon e de Martigues vou voltar para o mar. A memória-guarda-chuva é muito forte. Você viu como ninguém me reconhece mais? Fora os do parque de diversões, ninguém. Não entendo mais nada do que está acontecendo na Casa dos Horrores. E essa borracha que anda pela cidade, que começou a apagar fachadas inteiras... No começo, eu mesmo a havia inventado, para que apagasse somente os pesadelos e as más lembranças. E hoje, olhe só, ninguém pode sair da Casa dos Horrores sem que a borracha apague uma parte de sua memória. Os humanos estão talvez num estado de coma profundo. Para sair dessa, eles precisavam era de uma sacudida telúrica. Sei muito bem, Tony, o que os caras do Parque de Diversões andam tramando na cidade. Esta noite vão entrar no Hospício de Saint-Paul-de-Mausolé para resgatar Vincent.

A Praça de Tourtet. O acordeonista toca baixinho sentado ao lado de uma fonte. O equilibrista está testando a corda esticada que acaba de colocar por sobre a praça. A sombra do equilibrista que faz suas coreografias sobre a corda esticada é projetada nas fachadas das casas e na praça.

A mulher gorda com a vassoura varre em volta da fonte e principalmente em frente do acordeonista.

A MULHER GORDA COM A VASSOURA: Assim são os anjos... Preguiçosos e matreiros. Às vezes, quando dormem muito nas minhas latas de lixo, eu falo para eles: "Vocês são mesmo matreiros e preguiçosos, essa é a verdade". E tem mais: de manhã sempre acordam de ressaca. Ontem de manhã, já dei bronca em vários: "Vamos lá, já chega por hoje, de pé, vamos trabalhar". É espantoso, mas eles não gostam de ficar no lixo vazio. Parece que têm horror ao vazio. Não, assim que eu esvazio as latas de lixo, desaparecem na poeira. Pelo menos até a refeição do meio-dia, porque depois fazem a sesta nos esgotos... De verdade, estou para entender para que servem os anjos...

(*O equilibrista deixa cair no chão um dos bastões que permitem seu equilíbrio.*)

He! He! Cuidado, senhor equilibrista. Pode cair na nossa cabeça... (*Para o acordeonista.*) Ele é louco, aquele lá... Você viu o que ele está tentando fazer?

(*O acordeonista para de tocar e também olha para o equilibrista.*)

Um dia ele vai cair e vai quebrar todos os ossos. Mas não faz mal, ele vai cair do alto... (*O acordeonista volta a tocar.*) Escute, meu senhor, sua música é muito bonita, mas, mesmo assim, não quer fazer uma pequena pausa? Já que não tem ninguém para escutar, o ar fica pesado demais e deixa a praça carregada demais... (*O acordeonista para de tocar.*) Você não se dá conta, mas sou eu que devo garantir o conforto dos pedestres, sinto como se isso se derramasse em ondas pela terra... Olhe só, já chegou até nossos tornozelos pela praça toda... Felizmente vou varrendo sem cessar, pois isso pode muito bem nos devorar, nos puxar para baixo...

(*O velho senhor e a velha senhora, comendo waffles, entram; o cachorro preto vem logo atrás.*)

O VELHO SENHOR: Boa noite, Anaïs.

A VELHA SENHORA: Boa noite, Anaïs.

O CACHORRO PRETO QUE DIZ ATÉ LOGO: Boa noite, Anaïs.

A MULHER GORDA COM A VASSOURA: Boa noite. Olha só, ela resolveu fazer *waffle*, a grande Bernardette?

O VELHO SENHOR: Sim. Você viu que o arco acima da rua Parage desapareceu?

A MULHER GORDA COM A VASSOURA: Como assim, desapareceu?

O VELHO SENHOR: Pode olhar. Não está mais lá. E as quatro colunas da colegial... Mesma coisa... Desapareceram também.

A MULHER GORDA COM A VASSOURA: Ah, essa agora! Não esperava por essa. Vi passar uma borracha gigante, mas não podia acreditar que ela fosse apagar qualquer coisa... E falei para eles, esses garotos aí, que levavam a borracha gigante, para ter cuidado... Bem que senti que aquilo ainda ia causar algum mal em nossas ruazinhas tão estreitas... Mas daí a apagar o arco... Que demônio, estou com um pressentimento que isso ainda vai cair na minha cabeça... Preciso alcançá-los...

(*Ela corre na suposta direção tomada pela borracha gigante. O acordeonista recomeça a tocar.*)

A VELHA SENHORA (*dando um* waffle *para o acordeonista*): Aqui, Astor, trouxemos um *waffle* para você. Coma, está bom, depois você toca.

O VELHO SENHOR: Come, Piazzolla, está bom. Nossa grande Bernardette também fez maçãs-do-amor, churros, amêndoas torradas... Está tudo pronto... O pessoal do parque de diversões já terminou de instalar seus carros itinerantes e seus aparelhos.

A VELHA SENHORA: Já testamos o carrossel de cavalos de madeira. De todo modo, ele rodava sozinho...

O VELHO SENHOR (*olhando para o céu intrigado por um bizarro movimento de sombras*): Matilde, você não tem a impressão de que o equilibrista está trepando com a Marie?

A VELHA SENHORA: O quê?

O VELHO SENHOR: Dá uma olhada. É ela mesmo, não é? É Marie, sim.

A VELHA SENHORA: Para com isso, cara tarado. Para de me torturar com seus fantasmas. Você deveria procurar um médico.

O VELHO SENHOR: Mas olhe o que eles estão fazendo, os dois! Eu não estou louco. Piazzolla, você está vendo aqueles dois?

(*O acordeonista recomeça a tocar bem baixinho.*)

A VELHA SENHORA: Faz sessenta anos que te digo que você não é muito bom da cabeça. Faz sessenta anos que tento satisfazer suas fantasias, mas você, você não para, você nunca se satisfaz.

O VELHO SENHOR: Mas não é culpa minha se eles estão fazendo amor na corda esticada. Não é culpa minha...

A VELHA SENHORA: Claro que é.

(*A faca cai por terra.*)

O VELHO SENHOR: Pronto, agora você tem a prova. Começou. Ele tirou a faca do olho esquerdo. Pronto. Agora você acredita em mim?

A VELHA SENHORA (*olhando o céu*): Eu não estou vendo nada.

O VELHO SENHOR: Mas olhe só. Ele está beijando os seios de Marie e ela está lambendo a nuca dele. Ponha os óculos, Matilde, e olhe.

A VELHA SENHORA: Posso ver muito bem sem meus óculos, tipo tarado. Tenho vergonha. Devia ter escutado minha mãe. Bem que ela me disse que você não era normal da cabeça. A minha vida inteira tive que aguentar suas fantasias. Agora, já está na hora de parar. Estamos velhos, vamos morrer logo. Já basta esse cachorro que me atormenta porque não consegue dormir à noite... E além de tudo você me atormenta, você também, com seus fantasmas.

O VELHO SENHOR: Seja lá como for, ela está trepando com o equilibrista. Isso é evidente.

A VELHA SENHORA: Sou uma senhora agora. Você devia ter vergonha. Eu morro de vergonha de ver você falar assim. Tenho vergonha de você.

O VELHO SENHOR: Você tem vergonha de mim, mas bem que eu trepei com você ontem.

A VELHA SENHORA: Quando isso? Como assim, ontem?

O VELHO SENHOR: Ontem, depois do baile.

A VELHA SENHORA: Que baile?

O VELHO SENHOR: Pergunte ali para o Piazzolla, ele estava lá.

A VELHA SENHORA: Escuta aqui, Didier, não foi ontem. Foi hoje à noite. Quero dizer, o baile. Foi hoje à noite. Astor Piazzolla, nós o escutamos esta noite.

O VELHO SENHOR: Não foi ontem?

A VELHA SENHORA: Não, não faz nem duas horas.

O VELHO SENHOR: De qualquer modo, então fizemos há quase duas horas.

A VELHA SENHORA: Claro que não. A última vez que fizemos faz dez anos.

O VELHO SENHOR: Como assim, há dez anos?

A VELHA SENHORA: Claro, faz dez anos. A última vez foi há dez anos. Se você quer saber.

O VELHO SENHOR: Ah! Não! Agora você está delirando.

A VELHA SENHORA: De jeito nenhum. Foi no dia em que encontramos o cachorro. Era na Camargue. A gente tinha dormido na casa de campo em Saint-Bertrand e, no dia seguinte, encontramos o cachorro. E isso faz dez anos.

O VELHO SENHOR: Mas por que você diz que encontramos o cachorro há dez anos? O cachorro, nós o entramos há dez dias.

(*Os dois olham para o céu e para as sombras dos dois amantes projetadas sobre a praça e sobre as fachadas das casas.*)

A VELHA SENHORA: Não, não o encontramos há dez dias... Mil desculpas, mas nós o encontramos há dez anos, sim... E a partir daí perdemos o sono...

(*O cachorro preto enxuga uma lágrima. Em seguida, começa a latir para a borracha gigante que vai passando, empurrada numa carroça pela pequena Bernardette e pelo menino gago.)*

A PEQUENA BERNARDETTE (*gritando num megafone*): Cinco chumbos no círculo vermelho, cinco sem tocar no branco nem sobreposição de buracos! Venham todos no tiro ao alvo! Alvos mecânicos, alvos com portas e porta-charuto! Venham todos, amanhã de manhã, o Pan-óptico do Universo está pronto para você. Venham ver o museu do Polo Norte e das expedições polares... Viajem pelo mundo, dioramas, cicloramas. Panoramas, sala de curiosidades... Por dois dias na sua cidade, o melhor parque de diversões do mundo...

MENINO GAGO: Churros! Churros! Churros!

A PEQUENA BERNARDETTE: Venham, venham experimentar sensações fortes, a velocidade e a vertigem... O carrossel das ondas do Oceano, carrossel com gôndolas, carrossel com balanços, carrossel com bicicletas, carrossel a vapor, autódromo... Venham com a família, venham com sua noiva, a terceira volta é gratuita para as crianças e adolescentes...

O MENINO GAGO: Churros! Churros! Churros!

A PEQUENA BERNARDETTE: Venham ver nossas atrações para contemplar o inimaginável... Homem orquestra, lançador de facas, fuzileiro, equilibrista, contorcionista, domador de ursos, a mulher com duas cabeças, o indígena da Austrália, a dançarina do ventre que pesa duzentos quilos, o vidente com bola de cristal, o contador de histórias fantásticas... Venham provar a teriaga, o orvietan e o pó de formiga. Nossas poções, remédios e unguentos curam a tuberculose, a peste, a sarna e todas as doenças raras...

O MENINO GAGO: Churros! Churros! Churros!

(*Afastam-se com a borracha gigante. Ao passar, a borracha gigante apagou o cachorro, o acordeom do acordeonista, a corda esticada e algumas outras coisas mais.*)

O VELHO SENHOR: Mathilde... Mathilde, onde você está?

A VELHA SENHORA: Estou aqui...

O VELHO SENHOR: Você viu isso? Você viu? A borracha apagou o cachorro...

A VELHA SENHORA: E daí? A gente vai dormir mais cedo agora.

O VELHO SENHOR: Mathilde, como você pode dizer isso? Era nosso último cão.

A VELHA SENHORA: De todo modo, a gente nunca soube o que ele queria da gente. Vamos, vamos para casa.

O VELHO SENHOR: O que é que você tem, Piazzolla? Por que está tão calado? Apagaram seu acordeom? Então não tem mais baile, né? Pronto, Mathilde, a borracha apagou também a corda esticada... Ei, senhor equilibrista, Marie... Cuidado, a borracha apagou a corda esticada... Não tem mais corda esticada, ela se foi... Cuidado, hein, cuidado crianças... (*Para sua mulher.*) O que é que a gente faz, Mathilde, não podemos deixá-los assim desse jeito...

(*O Inspetor chega, totalmente detonado. Ele manca, está com as roupas em farrapos e tem na mão somente a metade de uma sacola.*)

O INSPETOR (*atravessando a praça*)**:** Onde está a puta dessa borracha? Mas isso é inadmissível... Deixar uma borracha desse jeito na mão das crianças... Numa cidade civilizada... É inadmissível... A rua Carnot não existe mais... (*Ao acordeonista, que choraminga sentado ao lado da fonte.*) Por que você está chorando agora? A borracha apagou seu acordeom? Muito bem, ela vai voltar para apagar suas lágrimas... É isso aí, é o que nos espera a todos, aliás... (*Olhando para o céu.*) O que é que eles estão fazendo, esses dois aí?

O VELHO SENHOR: Eles faziam amor na corda esticada, senhor Inspetor. E como a borracha apagou a corda esticada...

O INSPETOR: Para isso, não estou nem aí... Para isso, não estou nem aí mesmo...

(*Ele sai. A mulher gorda com a vassoura entra, transfigurada. Ela fala com seus anjos.*)

A MULHER GORDA COM A VASSOURA (*atravessando a praça*)**:** Não quero mais ver vocês nos meus esgotos. Toda tarde vocês fazem a sesta nos esgotos. Vocês ficam roncando nos esgotos. Tem alguns de vocês que ficam com soluço a toda hora. Isso ecoa pela cidade. E, depois, vocês não prestam atenção, suas asas que ficam tudo por aí. Quando passeio pela cidade de noite, vejo pedaços de asas que saem das bocas dos esgotos... Vão acabar pensando que vocês são ratos...

(*Ela sai. Escutam-se batidas de asas. Vários passarinhos atravessam a praça. A velha senhora suspira. Ela pega a faca que estava no chão e a estende ao velho senhor.*)

A VELHA SENHORA: Pronto, vai, enfia isso na cara dela. Assim você a liberta. Mas volte logo, tá?

O VELHO SENHOR: Sim, Mathilde, sim... Obrigado, Mathilde... (*Ele a beija na testa.*) Obrigada, coração.

A VELHA SENHORA: Vamos lá, rápido... Chega... Vá logo e volte para casa.

(*A velha senhora se aproxima do acordeonista, acaricia sua nuca e em seguida vai embora. O acordeonista a olha por um segundo e depois cai de novo no seu estado de prostração. O velho senhor fica sozinho no meio da praça com a faca na mão. Ele olha para o céu, se posiciona em função do que vai fazer. Ele não se mexe, mas sua sombra sobe na fachada do prédio.*)

O CONTADOR DE HISTÓRIAS: Pronto, essa história de parque de diversões está quase terminada. Vamos recapitular o que acontece nesse momento. São três horas da tarde. Na Praça da República todas as atrações estão girando. Mas os organizadores do parque não estão lá e o público ainda não acordou. Florence fechou seu bar e também foi deitar. O carrossel dos cavalos de madeira gira sozinho pelo prazer dos cavalos de madeira. O carrossel de balanços gira sozinho pelo prazer do vento. O carrossel das ondas do oceano gira sozinho pelo prazer das ondas do oceano. No tiro ao alvo, as carabinas esperam os atiradores. De tempos em tempos as balas partem sozinhas, cansadas de tanta espera, mas não se acertou nenhuma bola. O trenzinho da Casa dos Horrores descarrilou. Ele rodou um tempo, cada vez mais rápido, em volta da Praça da República e agora faz zigue-zague pelas ruas da cidade. A grande Bernardette largou aberta a sua barraca de doces de quermesse. Deitados nas prateleiras, os churros e as maçãs do amor se mandam beijos. O Inspetor, com metade da sua maleta apagada, partiu a pé para a regional 571 para o lado de Eyragues. Tony, o galante, caindo de bêbado, chora nos braços de uma anã, em frente à casa de Nostradamus em Saint-Rémy-de-Provence. Crê que a anã de vestido de noiva é Marie.

(*Tony, o galante, com os olhos fechados, está largado no chão, com a cabeça no colo da Anã de vestido de noiva que está sentada nas escadas da casa de Nostradamus.*)

TONY, O GALANTE: Não, Marie, o perfume que você usa para seus amantes não me acorda jamais, pois estou sempre dormindo profundamente, meu coração, quando você sai para encontrar seus amantes. Como toda noite você me faz sentir o gosto da felicidade absoluta, estou dormindo sempre que você vai ao encontro dos seus amantes. A felicidade absoluta embala meu sono profundo até o amanhecer, Marie. E eu não sinto nada, não vejo nada, estando totalmente arrebatado pelo sonho que estou sonhando. Então, quem sabe é no meu sonho que digo baixinho até logo. Até a volta, meu coração, até a volta, minha felicidade absoluta, passe uma bela noite com seus amantes e volte logo. Me diga até logo, Marie.

A ANÃ DE VESTIDO DE NOIVA (*acariciando-o*): Até logo, meu amor.

TONY, O GALANTE: Dentro do vestido vermelho dos amantes, leve como uma pluma nas sandálias vermelhas dos amantes, você dança e você ri a noite toda com seus amantes. Como você só veste o vestido vermelho dos amantes e as sandálias vermelhas dos amantes, é fácil despi-la. Dez vezes você dança, você ri e você se deixa despir pelos amantes. Em dez leitos diferentes você se deixa amar pelos seus amantes. Você bebe vinho em dez taças diferentes e, dez vezes por noite, você tira e põe os grandes brincos de prata. Porque você, meu coração, você não gosta de fazer amor com seus amantes com as joias de prata que compro todo dia. Me diga, Marie, que você não gosta de fazer amor com seus amantes com as joias de prata que eu te compro todos os dias.

A ANÃ DE VESTIDO DE NOIVA: Não, meu amor. Nunca com as suas joias na cama dos meus amantes.

TONY, O GALANTE: Dez vezes por noite, você canta, você dança, você ri. Você bebe vinho tinto e se deixa amar por seus amantes antes de voltar para mim ao alvorecer. Você volta sempre para minha cama antes que eu acorde. Porque você sabe muito bem que, quando eu acordo, se você não estiver lá, entro em pânico. E, quando acordo, quero que você esteja aqui, meu amor, e que me traga meu café, ainda encharcada dos beijos dos seus amantes.

A ANÃ DE VESTIDO DE NOIVA: Eu estou aqui, meu amor. Voltei. Estou pronta para você desde a última vez que eu o vi no parque. Faz uns dez anos que visto esse vestido de noiva. Para você, meu amor, para enganar a espera.

TONY, O GALANTE: Pronto, você está aqui? Você já esteve com seus dez amantes? Tão rápido assim? Oh, Marie, obrigado, Marie...

(*O menino que não é mais gago aparece tocando a flauta. Para na frente do casal e toca ainda um pouco.*)

O MENINO QUE NÃO É MAIS GAGO: Boa noite, Tony, o galante. Boa noite, senhorita, a anã. Veja, não gaguejo mais. Esta noite encontrei uma mulher, uma mulher que tinha uma faca enfiada no olho esquerdo. Beijou meus lábios, sua língua se perdeu na minha boca, mordeu a língua e meus lábios, ficou na minha boca toda a noite, deixou cair lágrimas de felicidade dentro da minha boca, e pronto: não gaguejo mais. Até mais, Tony, o galante. Até mais, senhorita, a anã. O pessoal do parque já foi para o hospício Saint-Paul-de-Mausolé porque Vincent Van Gogh sai esta noite do hospital. E, se por um acaso os médicos não quiserem, vamos pressionar para que o deixem sair.

(*O menino que não é mais gago sai tocando a flauta. A pequena Bernadette aparece puxando atrás dela uma carroça com a grande borracha.*)

A PEQUENA BERNADETTE: Boa noite, Tony, o galante. Boa noite, senhorita, a anã. Meu irmão passou por aqui, eu sei. Depois que a mulher de vermelho o beijou na boca ele não gagueja mais, e tenho que arrastar sozinha a carroça. O pessoal do parque já foi para o hospício Saint-Paul-de-Mausolé para esperar a saída de um dos seus, pelo que eu sei. É um senhor que faz pinturas e que tem uma orelha cortada. Penso que Frank, o fantasma, vai levá-lo com ele pelo país afora, na sua Casa dos Horrores. Quem sabe ele vai ficar na sala dos anjos de orelha cortada, vai saber. Talvez a gente possa visitá-lo o ano que vem, quando o pessoal do parque voltar. Foi o animal que parece perfeitamente um homem que informou ao pessoal do parque que o homem de orelha cortada estava preso em Saint-Paul-de-Mausolé. Todo mundo pensava que ele estava morto há cem anos, mas o animal que parece perfeitamente um homem falou: "Não acreditem nisso. Vincent está vivo e é obrigado a se esconder no hospício Saint-Paul-de-Mausolé". Então é isso, todos nós temos um encontro lá. E eu peguei a borracha gigante no caso de precisar apagar um muro ou uma porta para retirá-lo de lá. Até mais, Tony, o galante. Até mais, senhorita, a anã.

TONY, O GALANTE: Espere, garotinha. Espere um segundo. Você não pode apagar minha ressaca?

A PEQUENA BERNARDETTE: Claro. Pronto, tá feito.

TONY, O GALANTE: Você não pode apagar Marie do meu coração?

A PEQUENA BERNARDETTE: Claro! A borracha apaga tudo. E você, senhorita, a anã? Quer apagar alguma coisa, você também? Quer que eu apague Tony, o galante, do seu coração?

A ANÃ DE VESTIDO DE NOIVA: Será que a borracha apaga também o tempo, garotinha? Será que você pode apagar os dez anos que esperei por Tony, o galante?

A PEQUENA BERNARDETTE: Não sei, senhorita, a anã, se a borracha consegue apagar o tempo também. Foi o animal que parece perfeitamente um homem que inventou essa borracha. Ele a inventou para apagar a memória-guarda-chuva. Mas o animal que parece perfeitamente um homem não sabe muito bem o que é o tempo e ele disse: "Meio-dia menos sempre". Portanto, tenho medo que a borracha agora apague qualquer coisa. Mas, se você quiser repousar um pouco, eu posso apagar vocês dois…

(*Tony, o galante, e a anã de vestido de noiva partem com a pequena Bernardette, ajudando-a a puxar a borracha gigante.*)

O animal que parece perfeitamente um homem, Frank, o fantasma, o dono da barraca de tiro ao alvo e a vendedora de churros diante de uma porta.

O ANIMAL QUE PARECE PERFEITAMENTE UM HOMEM: Tem porta demais aqui. A última vez que estive aqui não tinha tanta porta. São os vigias que acrescentam portas nos corredores para impedir que as pessoas saiam. Aqui é o quarto.

FRANK, O FANTASMA: Você tem certeza?

O ANIMAL QUE PARECE PERFEITAMENTE UM HOMEM: Sim, é o quarto dele. Mas, além dessa porta, tem outra porta. Puseram duas portas, para isolá-lo ainda mais. Felizmente tem uma grande janela que dá para o jardim. É bem em frente da janela que ele pinta. Vi suas telas, ele pinta sempre a mesma coisa, quer dizer, a própria janela. Agora, no quarto, tem janelas para todo lado. Todas as paredes estão cobertas de janelas, o assoalho está coberto de janelas, há janelas que se empilham em todos os cantos do quarto. Os doentes lhe roubam às vezes as janelas, mas, ele, ele não está nem aí. É exatamente por isso que não se pode passar pelo jardim e bater na sua janela.

A VENDEDORA DE CHURROS (*bate com cuidado na porta*): Vincent... Vincent...

O DONO DA BARRACA DE TIRO AO ALVO (*bate também*): Vincent, somos nós...

FRANK, O FANTASMA: Ele não escuta. É natural. Também, com uma orelha cortada... Como você quer que ele nos escute se tem uma orelha cortada?

A VENDEDORA DE CHURROS: Vincent, eu trouxe um *waffle* para você.

O DONO DA BARRACA DE TIRO AO ALVO: De todo jeito, todas as portas estão trancadas a chave. Escute, senhor Animal, o senhor tem certeza que esse homem ainda está vivo? Ouvi falar de um pintor com a orelha cortada que faz uma eternidade que morreu.

O ANIMAL QUE PARECE PERFEITAMENTE UM HOMEM: Não, ele não está morto. Ele está aí. Ele está nos esperando. Ele me disse para vir encontrá-lo de madrugada. Foi ele que me disse assim: "Venham me buscar amanhã ao amanhecer, deixarei a janela aberta".

A VENDEDORA DE CHURROS: Então a gente devia ter vindo pelo jardim... (*Ela bate na porta de novo.*) Vincent, somos nós. Viemos te buscar.

O DONO DA BARRACA DE TIRO AO ALVO: Senhor animal, tem certeza de que "amanhã" é hoje?

O ANIMAL QUE PARECE PERFEITAMENTE UM HOMEM: Hoje, sim. Como ele dizia que "amanhã" quer dizer "jamais", e como a pequena Bernardette me disse que "jamais" queria dizer um outro dia, deduzi que "amanhã" é hoje.

O DONO DA BARRACA DE TIRO AO ALVO: Senhor animal, o senhor sabe que tem problemas quando se trata de avaliar o tempo. Para o senhor, o que quer dizer "hoje"?

O ANIMAL QUE PARECE PERFEITAMENTE UM HOMEM: Hoje quer dizer sempre. Quando eu o vi pela última vez, ele estava sempre aqui. E como ele me pediu para vir buscá-lo um dia, qualquer dia, contanto que fosse hoje, deduzi que hoje era a única possibilidade. Isso me pareceu muito claro. Porque tudo o que ele queria era partir conosco um dia, isto é, hoje para sempre. E eu prometi a ele vir sempre, isto é, hoje. É por isso que a gente está aqui.

O DONO DA BARRACA DE TIRO AO ALVO: E isso foi quando?

O ANIMAL QUE PARECE PERFEITAMENTE UM HOMEM: O que você quer dizer com "isso foi quando"?

O DONO DA BARRACA DE TIRO AO ALVO: Quando você o viu pela última vez?

O ANIMAL QUE PARECE PERFEITAMENTE UM HOMEM: Mas eu já lhe disse. Eu o vi sempre.

O DONO DA BARRACA DE TIRO AO ALVO: Bem, penso que estamos sempre falando besteiras. A última vez, quando fomos até a Sibéria buscar aquele tipo – como ele se chama, Dostoiévski? –, ele já estava morto há muito tempo.

O ANIMAL QUE PARECE PERFEITAMENTE UM HOMEM: Lá a gente se enganou de dia. Foi porque eu confundi jamais com sempre. Mas isso foi antes jamais.

FRANK, O FANTASMA: Bom, está claro… O que é que a gente faz?

O ANIMAL QUE PARECE PERFEITAMENTE UM HOMEM: A gente pode usar a borracha. A pequena Bernardette deve vir com a borracha.

A VENDEDORA DE CHURROS: Seja como for, tem alguém lá dentro. Escuto gritos.

FRANK, O FANTASMA (*bate insistentemente na porta*): Vincent, abra! Viemos tirar você daqui.

(*A porta se abre. A mulher que tem uma faca enfiada no olho esquerdo sai com uma orelha em uma mão e a faca na outra.*)

A MULHER QUE TINHA UMA FACA ENFIADA NO OLHO ESQUERDO: Olhem! Ele cortou a orelha com a minha faca... Ele fez isso por mim... Ele é louco de pedra! Ele cortou a própria orelha e agora tem sangue por todo lado... Coitado... O que é que eu faço agora com essa orelha? Eu não queria que ele cortasse a orelha... Ele me disse que me amava como louco, e ele cortou a orelha na minha frente... Para me provar que ele me amava... Ele cortou a orelha com minha própria faca. Aqui, quem quer uma orelha? (*Ela estende a faca para Frank.*) Ele me amou como um louco e agora, vejam só, estou com a orelha dele na mão. Frank, por favor, me ajude.

FRANK, O FANTASMA: Não, não e não! Já fiz isso uma vez esta noite. Chega. Estou cansado. Não aguento mais. Nem mesmo sei que dia é hoje.

O ANIMAL QUE PARECE PERFEITAMENTE UM HOMEM: Mas eu sei, hoje a gente está sempre.

A MULHER QUE TINHA UMA FACA ENFIADA NO OLHO ESQUERDO: Leon, por favor... Ponha essa faca no meu olho esquerdo. Preciso voltar depressa para a Casa dos Horrores. Ainda tenho um último encontro. O senhor Inspetor me espera na sala dos enforcados... Ele vai ficar em pânico se eu chegar com a faca na mão. Quem quer uma orelha?

O DONO DA BARRACA DE TIRO AO ALVO (*enfia a faca no olho dela*): Vamos lá, pronto... Depressa. Tony bebeu como um gambá. Vá lá esquentar o infeliz. E não saia mais da casa. Fizeram uma enorme bagunça na cidade. A gente pega o Vincent e sai rapidinho.

A MULHER QUE TEM UMA FACA ENFIADA NO OLHO ESQUERDO: Estou cansada, tão cansada. Amei como uma louca nove homens esta noite. Ainda falta o Inspetor. Mas acho que ele vai ter que se contentar com um beijo. O sol começa a se levantar. Preciso partir. Mas o que é que eu faço com essa orelha? Ele me deu de presente... Mas eu não queria a orelha dele... E, depois, Tony não gosta de orelhas... Talvez eu não devesse entrar na sala das orelhas cortadas... Preciso preparar o café para Tony. Tony só acorda quando lhe trago o café, eu mesma. E sou a única que sei como ele gosta do café. Só eu sei se ele quer amargo ou doce... Quem quer uma orelha?

12

De manhã. A mulher gorda com a vassoura esvazia as latas de lixo e fala com os anjos.

A MULHER GORDA COM A VASSOURA: Vamos lá, pestinhas... Fora... Vocês já dormiram demais... Acabou a farra de dormir até tarde... Essa agora! É um dia e outro também, sempre dormindo até tarde dentro do lixo... Vocês não se incomodam com esse cheiro horrível? Olhem em que estado vocês estão... Um dia vocês vão terminar no parque de diversões... Vão ser expostos na sala de curiosidades. Ou então na Casa dos Horrores. Não quero escutar vocês choramingando! Certo? Está tarde, preciso esvaziar as latas de lixo! Senão isso vai empestear toda a cidade... Saiam ou vou jogá-los no caminhão. Vocês querem terminar no triturador? É o que vocês estão querendo? Bem, eu despejo vocês no caminhão... Vamos, adeus, anjos fedidos... Vamos, não choraminguem e saiam daqui... Um, dois, três, quatro... Quatro espécimes dentro da mesma lata de lixo... Mas isso não é possível! Vocês não são surdos... E vocês aí, também, fora imediatamente... Um, dois, três, quatro, cinco, seis, sete... Inacreditável! Inacreditável! Sete anjos gordos como vocês numa lata de lixo tão pequena! Escutem aqui, de verdade, um dia vou jogar vocês no caminhão... Se continuarem a dormir até tarde nas minhas latas de lixo, vocês vão se encontrar no triturador do caminhão. Embora isso possa entupir os filtros de aeração, essas suas plumas... Ai! Vocês me cansam, me cansam demais... Demais é demais... Não posso mais... Todos os dias a mesma história... Por que isso tem sempre que me cair sobre a cabeça... Por quê? Por que sou gorda? Não posso mais trabalhar desse jeito... (*Muito brava, ela lança a ameaça suprema.*) Se não saírem imediatamente, não vou deixar vocês fazerem a sesta nos esgotos. Está claro? E além de tudo vocês estão todos com uma orelha cortada... Parece até que vocês escaparam da sala das orelhas cortadas...

(*Essa ameaça é seguida por um movimento de pânico nos lixos.*)

O quê? Mas o que é que está acontecendo ainda? Mas o que é que aconteceu para vocês ficarem se contorcendo desse jeito? Ah, tá, vocês estão de ressaca... Não quero nem saber, por mim... Parem de reclamar. Vocês enchem o saco demais. Parem de encher o saco dos lixeiros!... O quê? Vocês estão com dor de barriga? Não sou madrinha dos anjos... Vocês são sujos, são mal-educados, vocês são preguiçosos e, além de tudo, vocês bebem... Sim, sim, preguiçosos, isso mesmo, eu disse preguiçosos, sim... Até os anões dos jardins são menos preguiçosos que vocês... Vocês bebem o resto das garrafas jogadas no lixo? É isso? Ah, estão com dor de barriga... Mas o que é que vocês comeram? Como assim, nada? Mas eu ainda deixei algumas coxinhas de galinha... Ah, então é isso, vocês não gostam de frango... Ah, bom. Vossas excelências, os anjos, não gostam de coxas de frango... Essa é boa... Escutem, francamente, vocês são imundos... E todos esses trejeitos. Isso não é digno de anjo!... Não deixarei vocês jamais nos esgotos. Acabou. Chega de esgoto... Fui boazinha demais com vocês! Deixei vocês se incrustarem aqui na minha casa e essa é a minha recompensa... Vocês ficam vadiando por todo canto agora, se infiltram nos esgotos como ratos, é nojento! Não quero mais vê-los nos esgotos! Acabaram-se as sestas nos esgotos, acabaram-se as tardes nos esgotos... Vocês roncam como porcos, toda hora têm soluços. Isso reverbera pela cidade inteira... A partir de hoje vocês vão trabalhar! Pronto! Qual era a missão de vocês aqui na Terra, hein? Tinham um trabalho a realizar... Era o que mesmo? Vocês esqueceram tudo... Tudo, tudo, tudo... Bom, então eu vou lhes dar, eu mesma, trabalho... Pronto... Vocês são guarda-chuvas furados, é isso que vocês são... Guarda-chuvas molhados e furados... Sem memória, sem respeito... Vamos, todos em fila indiana, aqui... Vocês vão limpar a Praça da República... O pessoal do parque deixou uma bagunça inacreditável... Vamos lá, peguem as vassouras, os baldes, os esfregões... E limpem essa praça. Quero tudo brilhando... E lavem também todos os vidros... Se querem que eu os deixe dormir ainda nos lixos, é preciso trampar. Nada é de graça hoje em dia... Vocês devem pagar o aluguel... Pronto... Vamos lá, dispersem-se e ao trabalho... Estarei vigiando... Sou a memória dos esfregões. E, se trabalharem bem, cada um de vocês vai ganhar um chocolate quente e um churro...

(*Uns doze anjos de orelha cortada ficam em fila indiana diante da mulher gorda com a vassoura. São anjos-anões e as bandagens que envolvem suas cabeças se arrastam pelo chão como asas informes. Pegam os baldes, as vassouras e os esfregões e começam a limpar a Praça da República. O contador de histórias faz sua aparição.*)

O CONTADOR DE HISTÓRIAS: E aqui chegamos ao fim da história. Somos antes sapatos ou guarda-chuvas? Essa é a questão. Para Anaïs, a mulher gorda com a vassoura, a resposta é muito mais simples. Sua memória está estocada nos esfregões. Ou melhor, os esfregões da cidade estão impregnados da memória de Anaïs. Mas pode-se dizer também que a memória de Anaïs está na extremidade da sua vassoura e no fundo dos seus baldes.

No momento em que me dirijo a vocês, o pessoal do parque de diversões já está bem longe. Deixaram a cidade de Saint-Rémy-de-Provence sem esperar os espectadores. Fugindo na pressa, esqueceram na Praça da República um cavalo de pau e um espelho enganador.

Mas vamos fazer um balanço dos últimos acontecimentos até agora. Muitos relatórios inquietantes chegaram ao escritório do prefeito. Um jovem oficial chamado Michel foi encontrado em estado de prostração numa praia, não muito longe de Saintes-Maries-de-la-Mer. Vagava como um fantasma e falava palavras desencontradas, parece ter ficado gago. Faz 24 horas que um motoqueiro gira sem cessar em volta da cidade de Saint-Remy-de-Provence. Não era proibido, mas suas rotações podem vir a perturbar a ordem pública. Nos arredores da cidade, várias pessoas – trata-se de homens entre 16 e 70 anos – foram encontradas vagando pelos campos, com expressão de beatitude no rosto. Sua saúde não está em perigo. As autoridades preferem não falar muito desses acontecimentos, e a mídia não foi avisada. Fora o jornal *La Provence*, que publicou hoje um artigo de dez linhas com o título de "A Cidade de Saint-Rémy-de-Provence, Teatro de uma Briga entre o Pessoal do Parque Ontem à Noite".

Todos os elementos de arquitetura, fachadas, portas, arcos, escadas, tetos, etc., apagados pela borracha gigante, reapareceram no final da manhã. Está provado que o que a borracha apaga reaparece no mais tardar 24 horas depois.

Por fim, a diretoria do hospício Saint-Paul-de-Mausolé anunciou que, durante a noite, um paciente sofrendo de uma melancolia aguda fugiu do estabelecimento. A direção da instituição, especializada na terapia de transtornos nervosos pela pintura, explica que ele não é perigoso. Aparentemente ele fala muito pouco ou nada mesmo, mas recentemente tinha pegado o hábito de dizer a todo mundo: "Um século de hospital psiquiátrico, basta!". Quanto ao animal que parece perfeitamente um homem, continua confundindo sempre o hoje com o amanhã.

É isso aí, senhoras e senhores. Eu, o contador de histórias, agradeço muito sua atenção e até breve. Só mais um detalhe: para sair, prestem atenção que há duas portas… Uma para os sapatos e outra para os guarda-chuvas. A escolha é de vocês.

(*Música.*)

Fim

DADOS INTERNACIONAIS DE CATALOGAÇÃO NA PUBLICAÇÃO (CIP)
(CÂMARA BRASILEIRA DO LIVRO, SP, BRASIL)

Visniec, Matéi
  A mulher-alvo e seus dez amantes / Matéi Visniec; tradução Luiza Jatobá. – São Paulo: É Realizações, 2012. –
(Biblioteca teatral - Coleção dramaturgia)

Título original: La femme-cible et ses dix amants.
ISBN 978-85-8033-108-0

1. Teatro francês (Escritores romenos) I. Título. II. Série.

12-11471   CDD-842

ÍNDICES PARA CATÁLOGO SISTEMÁTICO:
1. Teatro : Literatura francesa   842

Este livro foi impresso pela Gráfica Vida & Consciência para É Realizações, em outubro de 2012. Os tipos usados são da família Sabon LT Std e Helvética Neue. O papel do miolo é alta alvura 90g, e o da capa, cartão supremo 250g.